笑顔あふれる
にいがた給食レシピ

子どもに大人気！
学校の給食メニュー **211**品

新潟県学校栄養士協議会 編

みんなの「おいしい！」が大集合

新潟県学校栄養士協議会

　給食を生きた教材として食育をすすめるために、子どもにおいしく給食を食べてもらいたいと、工夫やアイデアを詰め込み、受け継がれてきた新潟の学校給食の献立たち。2014年6月に発刊した『ごはんがすすむ　にいがた給食レシピ ～子どもに大人気！ 学校の給食メニュー172品～』は私たちの予想を大きく上回り、新潟県内の学校給食関係者のみならず、県内外の多くの方々よりご好評をいただきました。

　あれから10年。

　学校現場では食を通して郷土愛を育むことを意識した地場産物・特産物の活用や、新潟らしい調味料を使ったメニュー、また、減塩やSDGsを考慮したものなど、新たなメニューが生まれています。今回はごはんにあう給食レシピはもちろん、幅広い料理のジャンルから、みんなの「おいしい！」を集めました。

　私たちは子どもたちの健康や笑顔を願い、日々の献立を考えています。この本を通じて多くのみなさんのもとに、新たな笑顔が生まれ、おいしい記憶につながっていくことを願っております。

本誌の使い方

レシピについて

　本誌で紹介するレシピは、新潟県内の学校給食で実際に提供されているメニューです。材料は、中学生1人分及び家庭用として4人分（または作りやすい分量）を記載しています。

　大量調理では、調理する量が多くなればなるほど調味料の使用量は少なくて済みます。本誌では大量調理の分量をもとに1人分を算出していますので、ご家庭の味に合うよう調整をしてください。

可食部（皮などを除いた食べる部分）を示しています

定番にコクをプラス

鯖のごまみそ煮

材料

		1人分(g)	4人分
鯖切身		1切(60)	4切
砂糖		3	大さじ1
みりん		18	大さじ4
酒		2.4	小さじ2
みそ	A	7.2	大さじ2
しょうが（千切り）		1.2	5
水		30cc	120cc
白すりごま		2.4	大さじ1

作り方

1. 鍋にAを入れ加熱し、ふつふつしてきたら、鯖を入れて弱火〜中火で煮る。
2. 鯖に火が通ったらすりごまを入れて水分を飛ばす。

●給食メモ●
鯖をオーブン（220〜230℃）か魚焼きグリルで軽く素焼きしてから煮ると、臭みがとれて煮崩れもしにくくなります。

エネルギー 234kcal　たんぱく質 13.9g　塩分 1.1g

1人分のエネルギー・たんぱく質・塩分量です

おいしく作るための工夫や、レシピの裏側を紹介しています

調理手順について

　本誌では、基本的な調理器具を使った手順を紹介しています。しかし、ガスやIHなど加熱器具の性能によって差があるため、具体的な加熱時間は表記していません。肉や魚などは、中まで火が通ったことを確認の上、お召し上がりください。

CONTENTS

- 2 ごあいさつ／本誌の使い方
- 4 目次
- 6 学校給食のおいしいひ・み・つ

●ごはん
- 10 開高めし
- 11 とうもろこしごはん／大根菜めし
- 12 鯛茶漬け
- 13 鯛めし／木の芽ごはん
- 14 アスパラみどりカレーライス
- 15 青じそDEガパオライス／包まないけどいなり寿司
- 16 タコライス

●ごはんの友
- 18 ふきみそ
- 19 ごま塩／きくらげのコリコリ佃煮／ピーマンの佃煮
- 20 大豆ふりかけ／とらねこふりかけ／じゃこナッツ佃煮／手作りわかめふりかけ

●パン
- 22 鯖サンド
- 23 アーモンドトースト／ガーリックトースト／きなこトースト／おいもトースト
- 24 はちみつレモントースト／はちみつチーズトースト／抹茶きなこ揚げパン
- 25 ミルククリーム／豆乳チョコクリーム／フルーツカスタード
- 26 かぼちゃジャム／きなこクリーム／さつまいものミルクジャム

●めん
- 28 米粉めん豆乳キムチスープ
- 29 米粉めんきのこクリームソース
- 30 大麦めんすき焼き汁
- 31 妙高豚汁ラーメン
- 32 三条カレーラーメン
- 33 長岡生姜醤油ラーメン
- 34 トマトラーメン
- 35 豆乳担々麺

- 36 COLUMN　おいしく食べて学ぶ給食　パート1
  ニッポニアニッポンライス／裂き織りサラダ／シーグラスゼリー
- 37 ソフトめんミートソース／パインサラダ
- 38 ヒスイごはん／カニ玉スープ／まこんぶうどんサラダ
- 39 アルビスープ／アルビごはん
- 40 撮影の様子

●おにく
- 42 バリバリ伝説メンチカツ
- 43 花しゅうまい／豚肉とうずら卵の赤ワイン煮
- 44 豚肉と夏野菜のしょうが焼き／豚肉とズッキーニのオイスターソース炒め
- 45 豚肉のねぎみそ焼き／豚肉の梅のり焼き／焼き豚ときくらげの炒め物
- 46 ハンバーグラタン
- 47 ハンバーグのカポナータソース／ハンバーグのトマト赤ワインソース
- 48 ハンバーグのみぞれソース／豆腐ハンバーグの黄金焼き／ハンバーグのチーズ焼き
- 49 ハンバーグの越後みそソース／断層ミートローフ
- 50 とんかつのアロニアソース／トマトたれかつ
- 51 鶏肉のレモンバターソース／ザクうまチキン
- 52 ヤンニョムチキン／鶏のから揚げゆずソース
- 53 鶏肉のコーンフレーク焼き／ハーブチキン
- 54 鶏肉の塩こうじカレー焼き／鶏肉の甘酒みそ焼き／鶏肉のはちみつ焼き

●おさかな
- 56 めぎすのかんずりジュレソース
- 57 笹かまぼこのお好み焼き／鮭のチーズタルタルがけ／鮭とチーズの包み揚げ
- 58 鯖のもみじ煮／鯖のトマト煮
- 59 鯖のおかか煮／鯖のごまみそ煮／鯖のみそだれ
- 60 鱈のアクアパッツア／鱈のフリール・ヴァンブランソース
- 61 鯵の黒酢ソース／めぎすの米粉揚げ香味ソースがけ／白身魚のパン粉焼き
- 62 白身魚の竜田あんかけ／めぎすのエスカベッシュ
- 63 岩石ハンバーグ／ししゃものみのむしフライ
- 64 真鯛のバター醤油ムニエル／鯖のカレーマヨ焼き／鰯のかば焼き～カレーの香り～

●卵・豆・豆製品
- 66 エッグラタン
- 67 ツナとチーズの卵焼き／すき焼き卵焼き
- 68 厚揚げと大根のオイスターソース煮
- 69 揚げだし豆腐のおろしだれ／厚揚げのケチャップソース
- 70 厚揚げのトマトグラタン／厚揚げと豚肉の塩こうじ炒め
- 71 厚揚げのお好みソース焼き／厚揚げのみそチーズ焼き／おからサラダ
- 72 カレーおから／洋風おから
- 73 おからのごま豆乳煮／おからコロッケ

- 74 **大事な大豆**
- 76 源氏豆／黒糖豆／ごま豆／きなこ豆／ココア豆／磯香豆／チーズ豆

●おしる
- 78 塩ちゃんこ麩スープ
- 79 かぼちゃのすり流し／塩こうじ汁
- 80 芋煮汁／ふわふわ卵スープ
- 81 新玉トロトロスープ／白菜のクリーム煮
- 82 番屋汁
- 83 飛び魚のすり身スープ／野菜たっぷり塩こうじスープ
- 84 豆乳ちゃんぽんスープ／かぼちゃの米粉クリームスープ

●おいも
- 86 さといもの和風グラタン
- 87 和風のりポテトサラダ／Wポテトサラダ
- 88 ひじき入れちゃいましたポテサラ／ポテトサラダを食べチャイナ
- 89 さりいもサラダ／さといものとろとろ春巻き／ガーリックポテト
- 90 さといものごまみそ煮／お皿に盛る肉じゃが

●おやさい
- 92 アスパラ菜のごまこうじあえ
- 93 チーズ入りおひたし／かきのもととアスパラ菜のポン酢あえ
- 94 もずくサラダ／切り干し大根のバンバンジー
- 95 白菜のカレー塩昆布あえ／五色あえ／青菜ののりタクあえ
- 96 ヤムウンセン／大盛！焼き肉サラダ
- 97 かんぴょうサラダ／トマトドレッシングの元気サラダ
- 98 青菜の納豆あえ／たくあんのカレマヨサラダ／からしなます
- 99 黒豆のブラックサラダ／新玉ねぎの血液サラサラサラダ／ブロッコリーの和風サラダ
- 100 しょうゆフレンチ／本当にもやしだけのナムル／こごみのごまネーズ／わかめとみかんの酢の物

●加熱でおわり
- 102 ペンネとアスパラのトマトソテー
- 103 豆乳ツナクリームパスタ／ちょこっとナポリタン
- 104 なすみそ／あらめの煮物／あらめとひき肉の炒め物
- 105 生ずいきの炒め煮／豚肉と干しずいきの卵炒め
- 106 むげんにんじん／切り干しナポリタン
- 107 切り干し大根のキムチ炒め／小松菜のにんにく炒め／かぼちゃのバターじょうゆ煮
- 108 空心菜のうまうま炒め／マーボーれんこん

●おやつ
- 110 ミルクココア蒸しパン
- 111 かぼちゃ蒸しパン／りんご蒸しパン
- 112 ひすい蒸しパン／れんこんドーナッツ／おからドーナッツ（ココア・プレーン）
- 113 干し柿とくるみのマフィン／コーンとチーズのマフィン／米粉のガトーショコラ
- 114 雪下にんじんマドレーヌ／豆花
- 115 あじさいカクテルフルーツ／ココアプリン
- 116 シュガーポテト／なんちゃって肉まん
- 117 かんたん焼売まん／にいがた茶豆のずんだ白玉／はちみつ焼きりんご／揚げりんご

- 118 **COLUMN　おいしく食べて学ぶ給食　パート2**
  ますのごまがらめ／山の幸汁／わらびの昆布あえ
- 119 夏野菜と車麩の揚げ煮／トマトと卵のスープ
- 120 きのこのトマト煮込みハンバーグ／アーモンドキャベツ
- 121 いかのさらさ揚げ／雪国吹汁／白菜のゆずドレッシングサラダ

- 122 **サバイバルクッキング**
  ポリぶくろごはん／大豆とひじきの缶詰サラダ
- 123 ツナ缶の炊き込みごはん／乾物たっぷり保存食スープ

- 124 重量一覧
- 125 索引
- 128 スタッフ・関係者紹介

学校給食の おいしいひ・み・つ

みんなの笑顔が見たい！

ひ・み・つ1 バランス・組み合わせ

取り入れよう！「五味五感」
様々な味・食感の組み合わせが、おいしさを生み出します。

5つの基本味
- 塩味
- 甘味
- 苦味
- 酸味
- うま味

五感
- 見た目（色・形・大きさ）
- 味
- 音（シャキシャキ・カリカリ）
- 食感（歯ごたえ・温度）
- 香り

給食現場からの豆知識
味見はある程度、温度が冷めてから行いましょう。
温度により、塩味や甘みの感じ方が変わります。口に含む量にも気を付けましょう。

メニューの組み合わせには、味のメリハリを意識！

一品はしっかり味付けをしたら、他は薄味に仕上げましょう。

味付けに変化をもたせ、メリハリをつける
例：甘辛味の主菜＋酸味の副菜、
こってり味の主菜＋さっぱりした汁もの

調理方法にも変化をつける
例：揚げ物の主菜＋油を使わないおひたし、酢の物、
がっつり炒め物＋さっぱりスープ

ひ・み・つ 2 おいしく減塩

コク、香り、辛味、酸味、食感、とろみなど、
食材の特徴を生かすことで
塩分↓おいしさ↑！

おいしくて、減塩にもなるなんて…も～たまらん♡

オイスターソースでコクアップ！

豚肉とズッキーニのオイスター炒め　p.44

にんにくとごま油の香りが食欲を刺激する

小松菜のにんにく炒め　p.107

トウバンジャンの辛味が味のアクセント＆五味を引き出す

マーボーれんこん　p.108

たくあん・カレー粉・マヨネーズの組み合わせで
酸味＋辛味＋コク＋食感の絶妙なバランス

たくあんのカレマヨサラダ　p.98

黒酢ソースが酸味・コクをプラス

鯵の黒酢ソース　p.61

トマトの酸味とふわふわ卵の食感がおいしさの秘訣♡

トマトと卵のスープ　p.119

かぼちゃとかたくり粉のとろみがだしのうま味を引き立てる

かぼちゃのすり流し　p.79

ひ・み・つ 3 うま味を引き出す温度の工夫

うま味をアップさせる秘訣は「温度」。
食材を加熱する時の温度や、乾物を戻す時の温度に気を付けて。

きのこのうま味を引き出したい場合は、調理前半に入れるのがおすすめですが、食感を生かしたい場合は、調理後半で入れるのがおすすめ。目的に合わせて入れる順番を工夫するとよいです。

うま味が出る温度

白菜	50～70℃
トマト	50～70℃
きのこ	60～70℃
じゃがいも	85℃
みそ	90℃
干ししいたけ戻し水	5℃

ひ・み・つ 4
発酵調味料を活用して、うま味をワンランクUP

豪雪地・新潟は寒い気候のおかげで空気中の雑菌が舞いにくく、発酵に適した地域。
発酵調味料は味を付けるだけでなく、料理にうま味、風味をプラスします。
さらに、健康にもgood！給食でも大活躍です。

赤みそ　白みそ　浮きこうじみそ
しょうゆこうじ　かんずり
しょうゆの実　塩こうじ
甘酒　酒かす

発酵調味料を使ってみよう！

ひ・み・つ 5
切り方

料理のおいしさを左右する野菜の切り方。
注目するのは「繊維」！

料理による使い分け（おすすめ調理方法）	繊維を断つように切る	繊維に沿うように切る
	・野菜のうま味をスープに生かしたい場合　**汁物** ・野菜自身にしっかり味をつけたい場合　**煮物**	・野菜のカサを残したい場合 ・野菜の食感を残し汁気を出したくない場合　**和え物、サラダなど**

ごはん

栄養教諭に聞いてみた！
給食こぼれ話

「先生！なんか米が変わりましたね!?」と声をかけられてビックリ！同じコシヒカリでも農家さんが変わった事に気付くなんて、さすが米どころ 新潟っ子！

カレーを作りながら調理員さんが何やら独り言？「おいしくなあれ、おいしくなあれ」。魔法の言葉を唱えていました。

新潟のほとんどの小学校では、子どもたちが稲作を学びます。子どもたちが育てたお米は、秋に給食に登場！全校でおいしく味わいます。新潟県ならではのあるあるかも？

いつでもどこでも給食を確認できるように、献立表を切り取って「日めくり給食カレンダー」をつくっている子が！給食愛がすごい♪

魚沼の推しグルメ

開高めし

材料

		1人分(g)	4人分
米		85	340
水		98cc	390cc
しょうゆ	A	1.2	小さじ1
みりん		1.2	小さじ1
酒		1	小さじ1
塩		0.2	少々
油		1	小さじ1
豚肉（細切り）		10	40
ぜんまい（水煮）		10	40
わらび（水煮）		10	40
干ししいたけ		0.5	2
にんじん		5	20
たけのこ（水煮）		8	30
絹さや		3	3〜4枚
油		1	小さじ1
砂糖	B	1	小さじ1
酒		1.5	小さじ1
しょうゆ		3	小さじ2
紅しょうが		1.5	少々

エネルギー 364kcal　たんぱく質 8.5g　塩分 0.8g

作り方

1. 米は水とAで炊く。
2. ぜんまい、わらびは3〜4cmに切る。しいたけは水で戻して千切り、にんじんは千切り、たけのこは短冊切りにする。絹さやはゆでて水にさらし、斜め千切りにする。
3. フライパンを熱し、油で豚肉を炒める。ぜんまい、わらび、干ししいたけ、にんじん、たけのこを入れて炒め、Bを入れる。
4. 炊きあがった1に3を混ぜ合わせる。
5. 絹さや、紅しょうがをちらす。

◆開高めしについて（「食まちうおぬま」HPより）

芥川賞作家でもある開高健さんが魚沼市の銀山平を訪れたときに召しあがり、大変気に入られた料理をもとに作られた魚沼のイチオシグルメである「開高めし」です。

「開高めし」には守るべくこだわりの3カ条があります！

【その1】山菜を3種類入れる。ぜんまいは必ず入れる。
　（その他の山菜…わらび、こごめ、ふき、ウド、たけのこ、みず菜、きのこなど）

【その2】必ず炒めること。炒めないものは山菜めしとして提供する。

【その3】紅しょうがを添える。

という3カ条を守ることとなっております。
魚沼の美味しい料理をぜひ味わってみて下さい！

● 給食メモ

本来はごはんを炒めて作りますが、給食では炒めることが難しいので、炊飯時に油を入れています。

新鮮さが最大のポイント
とうもろこしごはん

材料

		1人分(g)	4人分
米		85	340
水		95cc	380cc
とうもろこし		21	85
塩		0.72	小さじ1/2
白ワイン	A	1.2	小さじ1
有塩バター		3	大さじ1
パセリ		0.5	少々

作り方

1. とうもろこしの粒を芯から外す。
2. 米は水と*1*のとうもろこし、Aを入れて炊く。
3. みじん切りにしたパセリをちらす。

給食メモ
とうもろこしをバターで炒めて味付けし、混ぜ合わせてもOK。

エネルギー 332kcal　たんぱく質 6.0g　塩分 0.8g

大根、丸ごと味わえる
大根菜めし

材料

		1人分(g)	4人分
米		78	320
水		94cc	390cc
大根の葉		12	50
大根		12	50
油		0.6	小さじ1/2
塩		0.6	小さじ1/3
しょうゆ	A	0.72	小さじ1/2
酒		1.2	小さじ1

作り方

1. 米を炊く。
2. 大根の葉はみじん切り、大根は1.5cm長さの千切りにする。
3. フライパンを熱し、油で*2*を炒めてAで味付けする。
4. 炊きあがったごはんに*3*を混ぜ合わせる。

給食メモ
大根の繊維を断ち切るように千切りにすると味が染み込みやすいです。

エネルギー 279kcal　たんぱく質 5.2g　塩分 0.7g

ごはん

給食で味わえちゃう、柏崎名物!

鯛茶漬け

材料

茶めし

	1人分(g)	4人分
米	100	400
水	115cc	460cc
酒 (A)	3	大さじ1
塩 (A)	0.3	少々
しょうゆ (A)	1.5	小さじ1

鯛の竜田揚げ

	1人分(g)	4人分
鯛切身	1切(60)	4切
しょうゆ (B)	2.4	大さじ1/2
酒 (B)	1.8	大さじ1/2
しょうが(すりおろす) (B)	0.6	2.4
塩 (B)	0.12	少々
かたくり粉	1.2	大さじ1/2
小麦粉	1.2	大さじ1/2
揚げ油	適量	適量

エネルギー 591kcal　たんぱく質 24.5g　塩分 2.2g

すまし汁

	1人分(g)	4人分
えのきたけ	24	100
にんじん	12	50
ほうれん草	10	40
長ねぎ	6	25
みつば	6	25
刻み昆布	1.2	5
かつおだし汁	200cc	800cc
しょうが(すりおろす)	0.12	5
塩 (C)	0.7	小さじ1
しょうゆ (C)	3	小さじ2
みりん (C)	0.6	小さじ1/2
酒 (C)	1.2	小さじ1

作り方

・茶めし

1 米は水とAを入れて炊く。

・鯛の竜田揚げ

1 鯛にBで下味をつける。

2 かたくり粉、小麦粉を混ぜ合わせて、**1**にまぶし、170～180℃の油で揚げる。

・すまし汁

1 えのきたけは2cmのざく切り、にんじんは千切り、ほうれん草は下ゆでして2～3cmのざく切り、長ねぎは小口切り、みつばと刻み昆布は2～3cmに切る。

2 鍋にだし汁、えのきたけ、にんじん、刻み昆布を入れて煮る。

3 Cを入れ、しょうが、ほうれん草、長ねぎ、みつばを入れる。

・仕上げ

茶めしの上に鯛の竜田揚げをのせ、すまし汁を注ぐ。

うま味がギョギョっと凝縮

鯛めし

材料

		1人分(g)	4人分
米		72	290
水		83cc	330cc
酒	A	1.8	小さじ1と1/2
しょうゆ		1.8	小さじ1
鯛切身		36	150
酒		2	小さじ2
塩	B	0.2	ひとつまみ
水		3.5cc	大さじ1

作り方

1. 米は水とAを入れて炊く。
2. 鍋に1.5cmの角切りにした鯛を入れ、Bで煮る（電子レンジで加熱も可）。
3. 炊きあがったごはんに2を混ぜ合わせる。

● 給食メモ ●
長～いおかわり行列ができました！

エネルギー 297kcal　たんぱく質 11.9g　塩分 0.5g

ごはん

ほろ苦さに春を感じる

木の芽ごはん

材料

		1人分(g)	4人分
米		85	340
水		95cc	380cc
うすくちしょうゆ	A	2	小さじ2
酒		2	小さじ2
木の芽(あけびの新芽)		6.5	25
卵		7.5	小1個
砂糖	B	0.6	少々
油		0.3	小さじ1/2
油		0.4	小さじ1/2
うすくちしょうゆ		1.2	小さじ1
砂糖	C	1.2	小さじ1
塩		0.12	少々

作り方

1. 木の芽は、塩（分量外）を少量加えた熱湯で1分ほどゆで、ざるにあけて水にさらし、2cmに切る（一晩水にさらして冷蔵庫に入れておくとよい）。
2. 米は水とAを入れて炊く。
3. Bで炒り卵を作る。
4. フライパンを熱し、油で1をさっと炒めてCで味付けをする。
5. 2のごはんに、3と4を混ぜ合わせる。

● 給食メモ ●
魚沼地域では、アケビの新芽を「木の芽」と呼びます。

エネルギー 333kcal　たんぱく質 6.4g　塩分 0.6g

太い！甘い！やわらかい！
新発田のアスパラ

アスパラみどりカレーライス

材料

	1人分(g)	4人分
米	84	340
水	100cc	400cc
鶏肉(こま切れ)	24	100
玉ねぎ	60	240
にんじん	18	75
じゃがいも	48	200
アスパラガス ┐A	30	120
ほうれん草 ┘	7.2	30
りんご	12	50
油	1.8	小さじ2
にんにく(すりおろす)	0.6	小さじ2/3
水	50cc	200cc
白ワイン	1.8	小さじ2
ホワイトカレールウ	20	80
牛乳	4.8	小さじ4
生クリーム	4.8	小さじ4
アスパラガス ┐B	12	4本
揚げ油 ┘	適量	適量

エネルギー 520kcal　たんぱく質 13.6g　塩分 1.5g

作り方

1. 米を炊く。
2. Aのアスパラガスとほうれん草はゆでてミキサーにかけ、ペースト状にする。りんごは皮をむいてすりおろす。じゃがいもとにんじんはいちょう切り、玉ねぎはくし切りにする。Bの飾り用のアスパラガスは長さを半分に切り、素揚げにする。
3. 鍋を熱し、油でにんにく、鶏肉、玉ねぎ、にんじん、じゃがいもを炒め、白ワイン、水を入れて煮込む。
4. 材料に火が通ったら、りんご、ホワイトカレールウ、アスパラガス・ほうれん草ピューレを入れる。ホワイトカレールウがなじんだら、牛乳、生クリームを入れる。
5. ごはんとカレーを盛り付け、揚げアスパラガスを飾る。

● 給食メモ ●
ホワイトカレールウは、クリームシチューの素20g（4人分80g）+カレー粉0.8g（4人分大さじ1/2）で代用できます。

給食でカフェメニュー
青じそDEガパオライス

材料

	1人分(g)	4人分
米	85	340
水	100cc	400cc
豚ひき肉	48	195
玉ねぎ	38	155
なす	12	50
ピーマン	7	27
パプリカ	7	27
にんにく(みじん切り)	0.5	2
油	0.8	小さじ1
鶏がらスープ	35cc	140cc
しょうゆ　　A	1.2	小さじ1
砂糖	1.4	大さじ1/2
オイスターソース	2.8	小さじ2
ナンプラー	1	小さじ1
塩	0.1	少々
青じそ	1	4枚程度

作り方

1. 米を炊く。
2. 玉ねぎはあらみじん切り、なすとピーマン、パプリカは0.8cm角切りにする(なすは水にさらす)。青じそは0.5～1cmのざく切りにする。
3. 鍋を熱し、油でにんにく、ひき肉、玉ねぎ、なすを炒める。
4. Aを加えて煮る。
5. 材料に火が通ったら、ピーマン、パプリカを炒め、青じそを入れる。
6. ごはんに、5をのせる。

給食メモ
ナンプラーの塩加減はメーカーによって様々です。お好みで調整を！

エネルギー 416kcal　たんぱく質 15.7g　塩分 0.8g

ごはん

きつねもビックリ
包まないけどいなり寿司

材料

	1人分(g)	4人分
米	85	340
水	105cc	420cc
すし飯のもと(粉末)	6	25
油揚げ	9	35
かんぴょう	0.6	2.5
砂糖	3	小さじ4
しょうゆ　A	3.6	大さじ1
みりん	3.6	大さじ1
水	2.4cc	適量
しょうが甘酢漬け	1.8	8
白いりごま	1	小さじ1

作り方

1. 米を炊く。
2. かんぴょうは水で戻し、5mm幅に切る。油揚げは油抜きをし、短冊切りにする。しょうが甘酢漬けは細切りにする。
3. 油揚げとかんぴょうをAで煮る。
4. 炊きあがったごはんに、すし飯のもとを混ぜ、3としょうが甘酢漬け、いりごまを混ぜる。

エネルギー 375kcal　たんぱく質 7.8g　塩分 1.5g

タコは入っていません

タコライス

材料

	1人分(g)	4人分
米	85	340
水	100cc	400cc
豚ひき肉	24	100
牛ひき肉	12	50
大豆ミート(ミンチ)	5	20
玉ねぎ	30	120
セロリ	6	25
油	0.6	小さじ1
にんにく(すりおろす)	0.6	小さじ1/2
トマト水煮缶	10	40
トマトピューレ	18	75
ケチャップ	6	大さじ1と1/2
砂糖	1	小さじ1
中濃ソース	3.6	小さじ2
チリパウダー	0.04	少々
しょうゆ	1.2	小さじ1
塩	0.3	小さじ1/4
こしょう	0.02	少々
ピザ用チーズまたは粉チーズ	6	大さじ4
パン粉	1.2	小さじ1

（ケチャップ〜こしょうまで：A）

エネルギー 457kcal　たんぱく質 17.9g　塩分 1.1g

作り方

1. 米を炊く。
2. 玉ねぎ、セロリ、トマト水煮はあらみじん切りする。大豆ミートをゆで戻してザルにあげ、冷めたら水気をしぼる。
3. フライパンを熱し、油でにんにく、セロリ、玉ねぎ、ひき肉、大豆ミートを炒める。
4. ひき肉の色が変わってきたらトマト水煮を入れてしっかり炒める。
5. トマト水煮がなじんできたら、Aを入れる。水っぽい場合はパン粉でとろみを調整する。
6. ごはんに、5をかけてチーズをのせる。

● 給食メモ ●
大豆ミートがなければお肉の増量を。

ごはんの友

栄養教諭に聞いてみた！
給食こぼれ話

配膳室に響き渡る叫び声？ いえいえ、小学校1・2年生の「いただきます！」「ごちそうさま！」の、喉が痛くならないか心配になるくらいの元気なあいさつ！ 大丈夫、ちゃんと聞こえてるよ（笑）ありがとう！

「今日の給食おいしかったぁ」と、調理のプロ・調理員さんから言ってもらえると、すごくうれしい！

学校のおたよりの中で、子どもたちから読まれている超人気ナンバーワン！ それは〝給食だより〟！

夏は灼熱・冬は極寒の給食室で、給食作りに励んでくださる調理員さん。いつもありがとうございます！

このおいしさを伝えたい

ふきみそ

材料

	1人分(g)	4人分
ふきのとう	10	40
みそ	3	小さじ2
砂糖	2	小さじ2
みりん	1	小さじ1
かつお節	0.5	2
油	0.1	小さじ1/2

エネルギー 23kcal　たんぱく質 1.1g　塩分 0.4g

作り方

1. ふきのとうは刻み、塩（分量外）を少量加えた熱湯でさっとゆでて水にとり、軽く水気をしぼる（ふきのとうの香りが好きな方は生のままでもOK）。
2. フライパンを熱し、油で**1**を炒めて砂糖、みりん、みそを加える。焦げやすいようなら水か酒を少量（分量外）入れる。
3. かつお節を入れる。

● 給食メモ ●

ふきのとうは、雪国新潟に春の訪れを知らせてくれる山菜のトップバッター。酢飯はもちろん、白いごはんにのせてどうぞ！

ひと手間でおいしさUP

ごま塩

材料

	1人分(g)	4人分
白いりごま	4	大さじ1
黒いりごま	4	大さじ1
昆布粉末	0.06	ひとつまみ
砂糖	0.1	ひとつまみ
塩	0.4	ひとつまみ
水	7cc	大さじ2

作り方

1. 鍋にすべての材料を入れ、汁気がなくなり、ごまがサラサラになるまで弱火〜中火で加熱する。

◆給食メモ◆
昆布粉末は昆布茶で代用できます（無理に入れなくてもOK）。

エネルギー 44kcal　たんぱく質 1.4g　塩分 0.4g

観光地でしか買えなかった味を
おうちでも

きくらげのコリコリ佃煮

材料

	1人分(g)	4人分
乾燥きくらげ	1.2	5
しょうが(すりおろす)	0.3	小さじ1/4
油	0.6	小さじ2/3
しょうゆ	3.3	小さじ2
砂糖	3.3	大さじ1と1/2
中ザラ糖	1.2	小さじ1
みりん	2.7	小さじ2
かつお節	0.3	1.5
ラー油	0.1	少々
白いりごま	1.2	小さじ2

（しょうゆ・砂糖・中ザラ糖・みりんはA）

作り方

1. きくらげは水に1時間以上つけて戻し、細切りにする。
2. フライパンを熱し、油でしょうが、きくらげを炒め、Aを入れる。
3. きくらげに火が通ったら、かつお節、ごま、ラー油を入れてさっと炒める。

◆給食メモ◆
きくらげの食感が残る程度に炒めるのがコツです。

エネルギー 44kcal　たんぱく質 0.8g　塩分 0.5g

ごはんの友

ピーマンの大量消費に！

ピーマンの佃煮

材料

	1人分(g)	4人分
ピーマン	30	120 (3〜4個)
ちりめんじゃこ	8	32
ごま油	2	小さじ2
砂糖	2	小さじ2
しょうゆ	2	小さじ1〜2
みりん	2	小さじ2
白いりごま	1	小さじ2
かつお節	0.6	2〜3

（砂糖・しょうゆ・みりんはA）

作り方

1. ピーマンは3mm程度の細切りにする。
2. フライパンを熱し、ごま油でピーマン、ちりめんじゃこを炒めて、Aを入れる。
3. ごま、かつお節を入れる。

エネルギー 75kcal　たんぱく質 6.7g　塩分 0.5g

エネルギー 97kcal　たんぱく質 8.4g　塩分 0.6g

オトナのおつまみにもピッタリ

大豆ふりかけ

材料

		1人分(g)	4人分
炒り大豆		10	40
ちりめんじゃこ		6.6	25
油		1.5	大さじ1/2
みりん	A	2	大さじ1/2
しょうゆ	A	2	大さじ1/2
砂糖	A	3	大さじ1
青のり		0.2	小さじ1/3

作り方

1. フライパンを熱し、油でちりめんじゃこを炒め、Aを入れる。
2. 炒り大豆、青のりを入れて混ぜる。

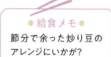

●給食メモ●
節分で余った炒り豆のアレンジにいかが？

エネルギー 76kcal　たんぱく質 3.6g　塩分 0.5g

ねこ好きのイリュージョン

とらねこふりかけ

材料

		1人分(g)	4人分
ツナ		15	60
干しひじき		0.6	2.4
切り干し大根		1	4
しょうゆ	A	2.9	小さじ2
中ざら糖	A	2	大さじ1/2
砂糖	A	1	小さじ1
みりん	A	1.5	小さじ1
水	A	4cc	大さじ1
ダイスアーモンド		2.4	10

作り方

1. ひじきは水で戻す。切り干し大根は水で戻し、1cm程度のざく切りする。
2. フライパンにAと1、ツナを入れ、弱火で煮る。水分がなくなってきたら、アーモンドを入れて混ぜる。

●給食メモ●
とらねこのような色あいからのネーミング。

エネルギー 57kcal　たんぱく質 6.1g　塩分 0.6g

じゃことナッツが華麗に小躍り

じゃこナッツ佃煮

材料

		1人分(g)	4人分
ちりめんじゃこ		8.5	35
細切りアーモンド		2.5	大さじ2
酒	A	0.6	小さじ1/2
しょうゆ	A	1.2	小さじ1
砂糖	A	3	大さじ1
みりん	A	0.6	小さじ1/2
カレー粉		0.12	小さじ1/2

作り方

1. ちりめんじゃことアーモンドはトースターかフライパンでカリカリに焼く。
2. 鍋でAを煮立て、1をからめる。

エネルギー 25kcal　たんぱく質 1.3g　塩分 0.5g

お好みのしっとり加減で

手作りわかめふりかけ

材料

		1人分(g)	4人分
生わかめ		13	50
しらす干し		2	8
油		0.8	小さじ1/2
酒	A	0.7	小さじ1
砂糖	A	0.8	小さじ1
しょうゆ	A	1.7	小さじ1
白いりごま		1	小さじ1

作り方

1. わかめは細かく刻む。
2. フライパンを熱し、油で1をよく炒め、しらす干しを入れて炒める。
3. 2にAとごまを入れて炒める。

パン

栄養教諭に聞いてみた!
給食こぼれ話

検食簿には、校長先生が給食の安全確認の他に、毎日感想を書いてくださいます。しかも、やる気の出るような文面! いつもありがとうございます。

同じメニューでも、なぜか学校によって給食の好みに違いが…。A校ではめちゃ人気なのにB校ではそうでもない(逆もあり)。

小学校1年生の自由帳に、「じこしょうかい・しゅみ:きゅうしょく」って書いてありました。「だって、毎日おいしいんだも〜ん!」とニコニコ笑顔。ハートをわしづかみにされました♡

「今日のメニューおいしかった! 家族に食べてもらいたいから、先生レシピください!」って言われるのが至福のひととき。明日への活力源!(*´▽`*)

柏崎のB級グルメ！

鯖サンド

材料

	1人分(g)	4人分
丸パン	1個	4個
鯖のレモンソース		
鯖切身	1切(60)	4切
塩	0.2	少々
こしょう	0.01	少々
かたくり粉	6	大さじ3
揚げ油	適量	適量
レモン汁 (A)	3	12
砂糖 (A)	2.4	大さじ1
しょうゆ (A)	3.6	大さじ1
酒 (A)	1.8	大さじ1/2
コールスローサラダ		
キャベツ	30	120
きゅうり	12	50
にんじん	6	30
玉ねぎ	12	50
ホールコーン	6	25
油 (B)	1.8	小さじ2
酢 (B)	2.4	小さじ2
砂糖 (B)	0.4	小さじ1/2
塩 (B)	0.3	小さじ1/3
こしょう (B)	0.02	少々

エネルギー 679kcal　たんぱく質 28.4g　塩分 2.7g

作り方

・鯖のレモンソース

1. 鯖は塩、こしょうで下味をつける。かたくり粉をまぶして180℃の油で揚げる。
2. 鍋にAを入れ、軽く煮立てる（電子レンジで加熱も可）。
3. 1に2をかける。

・コールスローサラダ

1. キャベツ、きゅうり、にんじんは千切りにする。玉ねぎは薄切りにする。
2. 1をゆでて水にさらし、水気を切る。
3. Bを混ぜ、2とすべての材料をあえる。

・仕上げ

パンに切れ目を入れ、具をはさむ。

●給食メモ●
子どもに大人気！レモンソースがおいしさのポイントです。

エネルギー 448kcal　たんぱく質 11.5g　塩分 1.5g

エネルギー 388kcal　たんぱく質 10.2g　塩分 1.5g

カリっとサクッと香ばしい！

アーモンドトースト

材料

	1人分(g)	4人分
厚切り食パン	1枚	4枚
有塩バター	8	大さじ2
粉末アーモンド	4	大さじ2
砂糖	4.5	大さじ2
スライスアーモンド	4	大さじ3

作り方

1. バターを少しやわらかくし、アーモンド、砂糖を混ぜる。
2. パンに1をぬり、スライスアーモンドをちらす。
3. トースターで焼く。

みんなで食べればコワくない♡

ガーリックトースト

材料

	1人分(g)	4人分
厚切り食パン	1枚	4枚
にんにく（すりおろす）	0.2	小さじ1/4
有塩バター	6	大さじ2
マヨネーズ	3	大さじ1
乾燥パセリ	0.05	少々

作り方

1. バターを少しやわらかくし、にんにく、マヨネーズを混ぜる。
2. パンに1をぬる。
3. トースターで焼き、乾燥パセリをふりかける。

エネルギー 423kcal　たんぱく質 11.5g　塩分 1.5g

エネルギー 410kcal　たんぱく質 11.0g　塩分 1.3g

大豆のパワー、いただきましょう

きなこトースト

材料

	1人分(g)	4人分
厚切り食パン	1枚	4枚
有塩バター	9	大さじ3
砂糖	4.5	大さじ2
きなこ	3.6	大さじ2

作り方

1. バターを少しやわらかくし、砂糖、きなこを混ぜる。
2. パンに1をぬる。
3. トースターで焼く。

スイートポテトとパンが出会っちゃった！

おいもトースト

材料

		1人分(g)	4人分
厚切り食パン		1枚	4枚
さつまいも		35	140
有塩バター		2	小さじ2
砂糖	A	3.5	大さじ2
牛乳		15	大さじ4
黒いりごま		0.6	小さじ1/2

作り方

1. さつまいもを蒸す又はゆでてつぶし、Aを混ぜる。
2. パンに1をぬり、ごまをふる。
3. トースターで焼く。

パン

ホッとするおいしさ
はちみつレモントースト

材料

	1人分(g)	4人分
厚切り食パン	1枚	4枚
有塩バター	8	大さじ2
はちみつ	3	小さじ2
砂糖	3	大さじ1
レモン汁	1.4	小さじ1

作り方

1. バターを少しやわらかくし、はちみつ、砂糖、レモン汁を混ぜる。
2. パンに1をぬる。
3. トースターで焼く。

エネルギー 404kcal　たんぱく質 10.0g　塩分 1.5g

エネルギー 437kcal　たんぱく質 12.4g　塩分 1.8g

プラスαのおいしさ
はちみつチーズトースト

材料

	1人分(g)	4人分
厚切り食パン	1枚	4枚
有塩バター	8	大さじ2
はちみつ	3	小さじ2
砂糖	3	大さじ1
レモン汁	1.4	小さじ1
ピザ用チーズ	10	40

作り方

1. バターを少しやわらかくし、はちみつ、砂糖、レモン汁を混ぜる。
2. パンに1をぬり、チーズをのせる。
3. トースターで焼く。

抹茶好き、急増中!
抹茶きなこ揚げパン

材料

	1人分(g)	4人分
コッペパン	1個	4個
揚げ油	適量	適量
青大豆きなこ	8	35
抹茶 (A)	0.4	小さじ1
砂糖 (A)	7	大さじ3
塩 (A)	0.1	少々

作り方

1. Aを混ぜ合わせる。
2. パンを180〜190℃の油で表面をさっと揚げる(コロコロころがしながら20〜30秒くらい)。
3. 2の油を切り、少し冷めたら1をまぶす。

エネルギー 442kcal　たんぱく質 13.1g　塩分 1.4g

シンプル・イズ・ザ・ベスト

ミルククリーム

材料

		1人分(g)	10人分
牛乳	A	25	250
砂糖		2.8	28
米粉		2	20
生クリーム		2.4	大さじ2

作り方

1. 鍋にAを入れてよく混ぜ、へらで混ぜながら弱火でゆっくり加熱する。
2. 1がふつふつしてきたら、生クリームを入れ、軽く加熱する。

● 給食メモ ●
お好みでバニラエッセンスやラム酒などを加えてもgoodです。

エネルギー 42kcal　たんぱく質 1.1g　塩分 0g

たっぷりのせたい♡

豆乳チョコクリーム

材料

		1人分(g)	10人分
豆乳	A	25	250
水		15cc	150cc
ピュアココア		1.2	12
砂糖		6	60
コーンスターチ		1.5	15
チョコレート		1.5	15

作り方

1. チョコレートは溶けやすいように刻む。
2. 鍋にAを入れてよく混ぜ、へらで混ぜながら弱火でゆっくり加熱する。
3. 2がふつふつしてきたら、1を入れ、軽く加熱する。

● 給食メモ ●
焦げやすいので、絶えず混ぜながら作ってください。冷めると固くなるので、少しゆるいくらいで大丈夫です。

エネルギー 57kcal　たんぱく質 1.1g　塩分 0g

お好みのフルーツで

フルーツカスタード

材料

		1人分(g)	10人分
卵		5	1個
牛乳	A	15	150
砂糖		3.6	36
コーンスターチ		1.6	16
バニラエッセンス		少々	少々
みかん(缶)		12	120
りんご(缶)		12	120

作り方

1. 卵は割りほぐす。
2. みかん(缶)、りんご(缶)はザルにあけて水気を切る。
3. 鍋にAを入れてへらでよく混ぜながら弱火でゆっくり加熱する。
4. 3がふつふつしてきたら火を止めて、バニラエッセンス、2を入れて混ぜる。

エネルギー 54kcal　たんぱく質 1.2g　塩分 0g

パン

こんなジャムはいかが？

①かぼちゃジャム

材料

	1人分(g)	10人分
かぼちゃ1	12	120
かぼちゃ2（ペーストにする）	24	240
グラニュー糖	8.4	85
砂糖	5.4	55
はちみつ　A	2.4	25
水	36cc	360cc
塩	0.04	ひとつまみ

エネルギー 93kcal　たんぱく質 0.6g　塩分 0g

作り方

1. かぼちゃ1は1cm角切りにし、形が残るようにゆでる。かぼちゃ2は皮をむいてゆで、ペースト状にすりつぶす（かぼちゃは水にくぐらせラップして電子レンジで加熱も可）。
2. 鍋にかぼちゃ2とAを入れて加熱し、好みの固さになったらかぼちゃ1を入れる。

②きなこクリーム

材料

	1人分(g)	10人分
きなこ	9	90
砂糖	8	80
小麦粉	3.6	35
牛乳	36	360
油	0.12	少々

エネルギー 109kcal　たんぱく質 4.8g　塩分 0g

作り方

1. 鍋にすべてを入れ、とろみがつくまで弱火で加熱する。

給食メモ
油をバターにすると、よりコクがでます。

③さつまいものミルクジャム

材料

	1人分(g)	10人分
さつまいも1	18	180
さつまいも2（ペーストにする）	24	240
水	5cc	50cc
レモン汁	0.06	少々
グラニュー糖	5.4	55
砂糖	3	30
はちみつ　A	1.2	12
牛乳	6	60
有塩バター	0.6	6

エネルギー 99kcal　たんぱく質 0.6g　塩分 0g

作り方

1. さつまいも1は1cmの角切りにして水にさらし、ゆでる。さつまいも2は皮をむいてゆで、ペースト状にすりつぶし、水でのばす。
2. 鍋にAを入れて薄いカラメル色になるまで中火くらいで加熱する。
3. 2の中に、1とレモン汁を入れる。

めん

 栄養教諭に聞いてみた！
給食こぼれ話

「給食おいしかったー！」という子どもの笑顔が一番のごほうび。すべての苦労が吹き飛びます！

年度末は予算との戦い。値段が安く、栄養価が高く、おいしい魔法の食材はないものかと妄想してしまいます。

味見を何回もしていると、味覚センサーが不能に。味が決まらなくなるっ！ 気を付けてっ！

自他共に認める給食マニアの中学3年生。「給食を食べられるのもあと〇回か…」とカウントダウンする姿がたまらなくいとおしい。

キムチが決め手!

米粉めん豆乳キムチスープ

材料

	1人分(g)	4人分
米粉めん	1玉	4玉
豚肉(こま切れ)	18	70
もやし	18	70
白菜	18	70
にんじん	12	50
白菜キムチ	14	50
油揚げ	6	24
えのきたけ	12	50
しょうゆ 〕	2.4	大さじ1/2
みそ A	8.4	大さじ2
酒 〕	1.2	小さじ1
白ねりごま	2.4	10
豆乳	30	120
長ねぎ	12	50
絹さや	6	20
だし汁	170cc	700cc

エネルギー 628kcal　たんぱく質 21.5g　塩分 2.0g

作り方

1. 白菜・えのきたけは2cmのざく切り、にんじんは短冊切り、長ねぎは斜め切り、絹さやは1/2斜め切りにする。油揚げは油抜きをして、短冊切りにする。
2. 鍋にだし汁、にんじん、えのきたけを入れて火にかけ、煮立ったら豚肉、油揚げ、もやしを入れる。
3. 2が煮立ったらAを入れ、白菜、キムチを入れる。
4. 3が煮立ったら豆乳、ねりごまを加え、長ねぎ、絹さやを入れる。
5. 米粉めんをゆで、4のスープをかける。

● 給食メモ ●
豆乳を加えたら分離しないよう、煮立たせないでください。

とろ～り、おいしい

米粉めんきのこクリームソース

材料

	1人分(g)	4人分
米粉めん	1玉	4玉
ベーコン	10	40
玉ねぎ	72	300
にんじん	12	50
鶏肉(こま切れ)	30	120
エリンギ	6	25
しめじ	12	50
にんにく(すりおろす)	1	小さじ1
オリーブ油	1.2	小さじ1
水	30cc	120cc
みりん (A)	1.2	小さじ1
しょうゆ (A)	1.2	小さじ1
コンソメ (A)	1.2	小さじ1
米粉	3.5	大さじ1
ホワイトルウ	10	40
牛乳	36	150
塩	0.4	小さじ1/3
こしょう	0.02	少々
粉チーズ	1.2	小さじ1
生クリーム	2.4	小さじ2

エネルギー 664kcal　たんぱく質 23.6g　塩分 2.1g

作り方

1. 玉ねぎは厚めのくし切り、ベーコン、にんじん、エリンギは短冊切りにする。
2. フライパンを熱し、オリーブ油でにんにく、ベーコン、鶏肉、にんじん、玉ねぎ、エリンギ、しめじを炒める。
3. 2に火が通ったら、Aを入れ、米粉をふり入れて混ぜ、水を入れる。
4. ふつふつとしてきたら牛乳、ホワイトルウを加え、弱火で加熱をしながら塩、こしょうを入れる。
5. 粉チーズと生クリームを入れる。
6. 米粉めんをゆで、5のソースをかける。

● 給食メモ ●
ご家庭ではお好みのパスタでどうぞ！

めん

名前だけで もうごちそう

大麦めんすき焼き汁

材料

		1人分(g)	4人分
大麦めん		1玉	4玉
豚肉（こま切れ）		36	140
白菜		42	170
にんじん		18	70
えのきたけ		12	50
しらたき		18	70
焼き豆腐		18	70
長ねぎ		12	48
砂糖		3.6	大さじ1
みりん		1.2	小さじ1
しょうゆ	A	12	大さじ2と1/2
酒		1.8	大さじ1/2
塩		0.3	少々
だし汁		180cc	720cc

エネルギー 525kcal　たんぱく質 23.9g　塩分 2.0g

作り方

1. 白菜、にんじんは短冊切り、えのきたけは2cmのざく切りにする。しらたきは下ゆでして3cmに切る。焼き豆腐は一口大、長ねぎは斜め切りにする。
2. 鍋にだし汁、豚肉、にんじんを入れて煮る。
3. にんじんに火が通ったら、しらたき、えのきたけ、白菜、焼き豆腐を入れて煮る。
4. Aを入れふつふつしたら、長ねぎを入れる。
5. 大麦めんをゆで、4の汁をかける。

● 給食メモ ●
新潟県で開発された大麦めん。そばに似た見た目と味わいで、和風のお汁にぴったりです！

今や全国区!
妙高豚汁ラーメン

材料

	1人分(g)	4人分
中華めん	1玉	4玉
豚肉(こま切れ)	22	90
にんにく(みじん切り)	0.7	1/2かけ
油	1.2	小さじ1
玉ねぎ	48	1個
メンマ	7	28
木綿豆腐	25	100
長ねぎ	10	40
みそ ┐	15	大さじ3〜4
塩 │A	0.2	少々
こしょう ┘	0.02	少々
かんずり	0.3	少々
ごま油	0.7	小さじ1/2
かたくり粉	1	小さじ1
水	2cc	8cc
豚がらスープ	200cc	800cc

エネルギー 618kcal　たんぱく質 26.4g　塩分 3.0g

作り方

1. 玉ねぎはくし切り、長ねぎは小口切り、豆腐は角切り、メンマは太いものは割く。
2. 鍋を熱し、油でにんにく、豚肉、玉ねぎ、メンマを炒めてスープを入れる。
3. 2が煮立ったら、豆腐を入れる。Aと水溶きかたくり粉を入れる。
4. 3がふつふつとしたら、長ねぎ、かんずり、ごま油を入れる。
5. 中華めんをゆで、4のスープをかける。

● 給食メモ ●
みそラーメンスープの素などを使うと簡単です。

この組み合わせ、おいしいに決まってる！

三条カレーラーメン

材料

	1人分(g)	4人分
中華めん	1玉	4玉
豚肉(こま切れ)	18	70
にんにく(みじん切り)	0.6	2
しょうが(みじん切り)	0.6	2
油	0.4	小さじ1/2
にんじん	12	50
玉ねぎ	30	120
乾燥きくらげ	0.6	2
メンマ	10	40
ほうれん草	12	50
長ねぎ	10	40
水	185cc	750cc
しょうゆラーメンスープの素	7.2	大さじ2
みりん	1.2	小さじ1
カレールウ	8.5	35

エネルギー 505kcal　たんぱく質 18.8g　塩分 3.0g

作り方

1. メンマはざく切り、きくらげは水で戻してざく切りにする。にんじんは短冊切り、玉ねぎは薄切り、長ねぎは小口切り、ほうれん草は2cmのざく切りにして下ゆでする。
2. 鍋を熱し、油でにんにく、しょうがを炒める。香りが出たら、豚肉、にんじん、玉ねぎを炒める。
3. 野菜がしんなりしたら、水、きくらげ、メンマを入れて煮る。
4. カレールウ、調味料を入れてひと煮立ちさせ、長ねぎを入れる。
5. 中華めんをゆで、4のスープをかけ、ほうれん草をのせる。

ラーメン王国・新潟のエース

長岡生姜醤油ラーメン

材料

	1人分(g)	4人分
中華めん	1玉	4玉
豚肉（こま切れ）	15	60
にんにく（すりおろす）	0.5	2
しょうが（すりおろす）	1.5	6
にんじん	10	40
メンマ	6	25
キャベツ	15	60
もやし	12	50
なると	6	25
長ねぎ	10	40
ほうれん草	10	40
油	1.2	小さじ1と1/2
鶏がらスープ	200cc	800cc
しょうゆラーメンスープの素	10	大さじ2
こしょう	0.02	少々

エネルギー 468kcal　たんぱく質 18.0g　塩分 3.1g

作り方

1. メンマはざく切りにする。キャベツ、にんじんは短冊切り、長ねぎは小口切り、ほうれん草は2cmのざく切りにして下ゆでする。なるとは輪切りにする。
2. 鍋を熱し、油でにんにく、しょうがを炒める。香りが出たら、豚肉、にんじんを炒める。
3. スープを入れ、メンマ、もやし、キャベツを入れて煮る。
4. 調味料を入れ、なると、長ねぎを入れる。
5. 中華めんをゆで、4のスープをかけ、ほうれん草をのせる。

ラーメンと地場産トマトがコラボ！

トマトラーメン

材料

	1人分(g)	4人分
中華めん	1玉	4玉
豚ひき肉	15	60
にんにく(みじん切り)	0.6	3
しょうが(みじん切り)	0.6	3
玉ねぎ	20	90
しめじ	6	25
まいたけ	6	25
エリンギ	6	25
乾燥きくらげ	0.6	3
えのきたけ	6	25
トマト	24	100
小松菜	12	40
あさり水煮(缶)	17	70
油	1.8	小さじ2
しょうゆ	1.2	小さじ1
塩	0.4	ひとつまみ
こしょう	0.02	少々
有塩バター	1.2	5
鶏がらスープ	180cc	720cc

エネルギー 478kcal　たんぱく質 22.8g　塩分 2.9g

作り方

1. きくらげは水で戻して千切りにする。トマトは湯むきして種をとり、1cm角切りにする。玉ねぎは薄切り、しめじとまいたけは小房に分け、エリンギは細切り、えのきたけは2cmのざく切りにする。小松菜は2cmのざく切りにして下ゆでする。
2. 鍋を熱し、油でにんにく、しょうが、豚ひき肉、玉ねぎ、しめじ、えのきたけ、エリンギを炒める。
3. 野菜がしんなりしたら、スープ、きくらげ、まいたけ、トマト、あさりを入れて煮る。
4. 調味料とバターを入れ味を調える。
5. 中華めんをゆで、4のスープをかけ、小松菜をのせる。

●給食メモ
トマトは完熟のものを使って下さい！溶き卵を入れてもおいしいです。

ゴマかさないおいしさ！

豆乳担々麺

材料

	1人分(g)	4人分		1人分(g)	4人分
中華めん	1玉	4玉	トウバンジャン	0.2	少々
豚ひき肉	42	170	がらスープ(液体タイプ)	6	24
酒	1	小さじ1	塩	0.12	少々
しょうが(みじん切り)	0.6	少々	豆乳	60	240
にんにく(みじん切り)	0.6	少々	ごま油	1.2	小さじ1
にんじん	12	50	白ねりごま B	4.2	大さじ2
もやし	24	100	白すりごま	4.2	大さじ2
チンゲン菜	18	70	煮干し	3	12
ホールコーン	6	25	水	100cc	400cc
長ねぎ	12	50			
油	1.2	小さじ1			
みそ	7.2	大さじ2			
砂糖	0.6	小さじ1/2			
しょうゆ A	4.2	大さじ1			
うすくちしょうゆ	4.2	大さじ1			
酒	1.2	小さじ1			

エネルギー 651kcal　たんぱく質 26.7g　塩分 3.1g

● 給食メモ
ねりごま、すりごま、ごま油の風味とコクで、おいしさアップ！

作り方

1. にんじんは短冊切り、チンゲン菜はざく切り、長ねぎは小口切りにする。豚ひき肉は、酒をふる。
2. 水と煮干しでだし汁をとる。
3. 鍋を熱し、油でしょうが、にんにく、長ねぎ(半量)、トウバンジャンを炒めて香りを出す。豚ひき肉、にんじんを入れて炒め、2のだし汁を入れる。
4. 3が煮立ったら、もやし、コーン、A、がらスープを入れる。
5. 4が煮立ったら、豆乳を入れる(豆乳を入れたら煮立たせないようにする)。塩で味を調える。
6. 5に、チンゲン菜、長ねぎ(半量)、Bを入れる。
7. 中華めんをゆで、6のスープをかける。

めん

COLUMN おいしく食べて学ぶ給食 パート1

\ 朱鷺と考えるSDGs! /

朱鷺（とき）が舞う島

ニッポニアニッポンライス / シーグラスゼリー / 裂き織りサラダ

ニッポニアニッポンライス

材料

	1人分(g)	4人分
米	96	380
水	115cc	460cc
肉団子	30	120
玉ねぎ	48	200
にんじん	12	50
じゃがいも	24	100
マッシュルーム水煮	6	25
しめじ	12	50
トマト水煮	12	50
ケチャップ	7.2	大さじ2
油	1.2	大さじ1/2
にんにく（すりおろす）	0.4	1.5
コンソメ	3.6	大さじ1
塩	0.4	小さじ1/3
こしょう	0.02	少々
大豆ペースト	12	50
米粉	12	50
牛乳	36	150
乾燥パセリ	0.02	少々
粉チーズ	3	大さじ2
水	50cc	200cc

エネルギー 559kcal　たんぱく質 16.5g　塩分 2.3g

作り方

1. 米を炊く。
2. 玉ねぎはくし切り、にんじんはいちょう切り、じゃがいもは一口大に切る。しめじは小房に分ける。
3. 鍋を熱し、油でにんにく、玉ねぎ、にんじん、じゃがいもを炒め、コンソメ、水を入れて煮込む。
4. 材料に火が通ったら、肉団子、マッシュルーム、しめじ、トマト水煮、ケチャップ、大豆ペースト、塩、こしょうを入れる。
5. 牛乳で溶いた米粉、粉チーズを入れる。
6. ごはんに4をかけ、乾燥パセリをふりかける。

● 給食メモ ●
佐渡ジオパークが日本ジオパークに認定されて10周年を迎えたことを祝って、佐渡市内で提供された料理です。
佐渡に生息している特別天然記念物の鳥「朱鷺（学名：ニッポニア・ニッポン）」の羽の色をトマトクリームで表現しました。

裂き織りサラダ

材料

	1人分(g)	4人分
干しひじき	0.6	2.4
キャベツ	18	80
きゅうり	18	80
もやし	18	80
赤ピーマン	4	15
黄ピーマン	4	15
油	1.2	大さじ1/2
レモン汁 A	2.4	小さじ2
塩	0.3	ふたつまみ
砂糖	0.7	小さじ1
こしょう	0.02	少々

エネルギー 28kcal　たんぱく質 0.8g　塩分 0.3g

作り方

1. ひじきは水で戻し、ゆでて冷まます。
2. キャベツ、きゅうり、赤ピーマン、黄ピーマンは千切りにする。
3. 2ともやしをゆでて水にさらし、水気を切る。
4. Aを混ぜ、すべての材料とあえる。

● 給食メモ ●
佐渡の伝統的な織物「裂き織り」をイメージして、カラフルに仕上げました。

シーグラスゼリー

材料

	1人分(g)	4人分
ナタデココシロップ漬	15	60
サイダーゼリー	30	120
マスカットゼリー	15	60
メロン（季節の果物）	15	60

エネルギー 63kcal　たんぱく質 0.4g　塩分 0g

作り方

1. お好みのゼリーを作り、1.5cmの角切りにする。
2. 果物を1.5cmの角切りにし、1と合わせる。

● 給食メモ ●
シーグラスは、波に揉まれ角が取れたガラス片です。海洋ごみ問題を考えるきっかけにして欲しいです。

今も昔も大人気♡

パインサラダ

ソフトめん

ソフトめんミートソース

給食レガシー

ソフトめんミートソース

材料

	1人分(g)	4人分
ソフトめん	1玉	4玉
にんにく(すりおろす)	0.5	小さじ1/2
しょうが(すりおろす)	0.5	小さじ1/2
豚ひき肉	30	120
大豆ミート	3	15
玉ねぎ	60	200
にんじん	15	60
セロリ	3	15
マッシュルーム水煮	5	200
トマト水煮	15	60
油	1	小さじ1
トマトピューレ	10	40
ハヤシルウ	7	30
トマトケチャップ	8	大さじ2
赤ワイン	3	大さじ1
砂糖	1.5	小さじ2
中濃ソース	0.5	小さじ1/2
塩	0.2	ひとつまみ
こしょう	0.02	少々
粉チーズ	2	大さじ1
パセリ	0.5	2
水	50cc	200cc

エネルギー 596kcal　たんぱく質 23.3g　塩分 1.4g

作り方

1. 大豆ミートをお湯で5分戻す（3倍に戻る）。玉ねぎはあらみじん切り、にんじんとセロリはみじん切りにする。パセリはみじん切りにして水にさらす。
2. 鍋を熱し、油でにんにく、しょうが、セロリ、ひき肉、大豆ミート、玉ねぎ、にんじん、トマト水煮、トマトピューレ、ケチャップを炒める。
3. 水、赤ワイン、マッシュルームを入れ、10分くらい煮る。
4. ハヤシルウ、中濃ソース、砂糖、こしょう、粉チーズ、塩、こしょうを入れて味を調える。
5. ソフトめんに4をかけ、パセリをちらす。

● 給食メモ ●
トマト水煮を早めに入れて炒めるとうまみが出ておいしくなります。

パインサラダ

材料

	1人分(g)	4人分
キャベツ	30	120
きゅうり	12	50
乾燥わかめ	0.2	1
パイン(缶)	12	50
油	1.8	大さじ1/2
砂糖　　A	0.6	小さじ1
りんご酢	1.5	小さじ1
塩	0.3	ひとつまみ

エネルギー 38kcal　たんぱく質 0.5g　塩分 0.3g

作り方

1. キャベツは千切り、きゅうりは小口切り、パインは2cmくらいの大きさに切る。わかめは水で戻す。
2. キャベツ、きゅうり、わかめをさっとゆでて水にさらし、水気を切る。
3. Aを混ぜる。
4. 2とパインを3であえる。

● 給食メモ ●
乾燥わかめは家庭ではゆでずに水戻ししたものを使用してもよいです。

おいしく食べて学ぶ給食 パート1

糸魚川の魅力を伝えるアイデアいっぱい！

ジオパークを学ぶ

ヒスイごはん

材料

	1人分(g)	4人分
米	85	2合
水	105cc	420cc
酒	2	大さじ1/2
塩	0.5	小さじ1/3
むき枝豆	20	80
いりごま	1	大さじ1/2

エネルギー 338kcal　たんぱく質 7.7g　塩分 0.5g

作り方

1 むき枝豆をさっとゆでる。
2 米に水・酒・塩を入れて炊く。
3 炊きあがったら、1とごまを混ぜる。

給食メモ
糸魚川市は、日本の国石に選定されているヒスイの産地です。枝豆をヒスイに見たてたごはんです。

カニ玉スープ

材料

	1人分(g)	4人分
玉ねぎ	24	100
干ししいたけ	0.6	2.4
木綿豆腐	36	150
カニのほぐし身	10	50
卵	18	25
生わかめ	6	25
長ねぎ	6	25
酒	1.2	小さじ1
しょうゆ A	2.4	小さじ2
食塩	0.48	小さじ1/3
かたくり粉	0.36	小さじ1/2
水	少々	小さじ1
だし汁	150cc	600cc

エネルギー 76kcal　たんぱく質 6.9g　塩分 1.1g

作り方

1 玉ねぎは薄切り、長ねぎは小口切りにする。しいたけは水で戻して薄切りにする。豆腐は角切り、わかめは食べやすい大きさに切る。
2 鍋にだし汁、(干ししいたけの戻し汁含む)玉ねぎを入れて煮る。
3 カニ、豆腐、わかめを入れる。
4 Aを入れ、水溶きかたくり粉でとろみをつける。
5 ふつふつと煮立ってきたら、溶き卵を回し入れる。
6 長ねぎを入れる。

まこんぶうどんサラダ

材料

	1人分(g)	4人分
まこんぶうどん	8.4	30
キャベツ	24	100
にんじん	6	25
きゅうり	12	50
ハム	6	25
酢	2.16	大さじ1/2
砂糖	0.36	小さじ1/2
しょうゆ A	2.88	小さじ2
ごま油	0.6	小さじ1/2
白いりごま	1.2	小さじ1と1/2

エネルギー 61kcal　たんぱく質 2.5g　塩分 0.9g

作り方

1 まこんぶうどんはゆでて適当な長さに切る。
2 キャベツは細切り、にんじんときゅうりは千切りにする。
3 2の野菜をゆでて水にさらし、水気を切る。
4 ハムは千切りにし、ゆでて冷ます。
5 Aとごまを混ぜ、すべての材料をあえる。

給食メモ
給食ではマコンブが練り込まれた乾麺のうどんを使います。ゆであがった麺はヒスイのようなきれいな緑色になります。

断層ミートローフは P.49 へ

アイシテル ニイガタ

アルビスープ

アルビごはん

がんばれアルビ！

アルビスープ

材料

	1人分(g)	4人分
にんじん 1	40	160
白いんげん豆(水煮)	15	60
有塩バター	0.7	小さじ1
ベーコン	7	30
玉ねぎ	40	160
にんじん 2	20	80
マッシュルーム	10	40
パセリ	0.7	3
牛乳	25	100
ホワイトルウ	9	35
こしょう	0.03	少々
塩　　　A	0.25	1
コンソメ	0.4	小さじ1/2
水	110cc	440cc

エネルギー 146kcal　たんぱく質 5.3g　塩分 1.0g

作り方

1. にんじん1はいちょう切りにし、柔らかくゆでて、白いんげん豆の水煮と一緒に、ペースト状にする。ベーコンは短冊切り、玉ねぎは薄切り、にんじん2は薄切り、マッシュルームはスライス、パセリはみじん切りにする。
2. 鍋にバターを熱し、ベーコン、玉ねぎ、にんじん2、マッシュルームを炒め、水を入れて煮る。
3. 野菜が柔らかくなったら、1のにんじん&いんげんペースト、ルウ、Aを入れる。
4. 牛乳を入れ、ふつふつとしたらパセリを入れる。

アルビごはん

材料

	1人分(g)	4人分
米	84	340
水	100cc	400cc
鮭フレーク	7	30
にんじんピューレ	14	60
塩	0.36	小さじ1/3
かつおだし(顆粒)	0.12	0.5
パプリカ粉	0.12	少々

エネルギー 316kcal　たんぱく質 7.3g　塩分 0.6g

作り方

1. 米にすべての材料を入れて炊く。

● 給食メモ ●
アルビレックス新潟の応援のため、チームカラーの「オレンジ」を表したごはんです。

撮影の様子

本書完成まで

2014年『ごはんがすすむ にいがた給食レシピ』を発行（好評を博し、現在8刷で発売中）
2024年に新刊を発行できるよう、2022年の年末から準備を開始
2022年度末（2023年1月〜）、協議会会員へ「人気」「おいしい」はもちろん、
「米粉」「発酵」「減塩」をテーマにレシピを募集したところ、429のレシピが提供された
その後、編集メンバーで協議を重ね、厳選した211品のレシピ掲載が決定
2023年5月〜12月　上・中・下越・佐渡と県内全域で9回の撮影を行い、延べ127名が参加
2024年 編集開始 見せ方や分かりやすい表現など校正を重ね2024年12月発行

日時	会場	参加人数
2023年　5月13日	長岡市	22名
6月17日	上越市	13名
7月1日	佐渡市	14名
7月29日	新潟市	19名
9月9日	長岡市	13名
10月7日	上越市	11名
11月3日	新潟市	17名
11月25日	上越市	12名
12月2日	長岡市	6名

撮影メモ

撮影では食材の準備や調理はもちろんのこと、料理が映えるよう食器やランチョンマット、カトラリーなどのコーディネートもすべて会員が行いました。季節の草花や参加者のお気に入りの食器が出そろったテーブルは圧巻でした
調理・撮影したメニューは、参加者で試食。会員のおすすめレシピはどれも絶品♡で、笑顔あふれる撮影となりました

お肉 oniku

chicken / pork

栄養教諭に聞いてみた！ 給食こぼれ話

いくつもの学校を掛け持ち勤務しているA先生。3日連続で給食がカレーってことがあったよという苦労話に、子どもたちは「いいな〜！」とうらやましそうでした。

週の始まりは、登校意欲をより高められるように、人気のメニューを入れます！

『〇〇の揚げ煮」って、揚げる？ 煮る？ どっち？』と聞かれ。給食は揚げた後にたれをからめる、揚げ煮びたし的スキーム！ 冷めてもおいしい工夫なんです。

手作りハンバーグの日、オーブンが故障。タブレットから動画で業者さんに確認してもらい、無事に解決しました。学校のICT環境をありがたく感じた件。

そして 伝説へ…
バリバリ伝説メンチカツ

材料

		1人分(g)	4人分
ハンバーグ		1個(60)	4個
小麦粉(下粉)		2	大さじ1
小麦粉	A	4	大さじ2
卵	A	4	1/3個
塩	A	0.08	少々
こしょう	A	0.03	少々
水	A	4cc	大さじ1
かきの種(あられのみ)	B	5	20
パン粉	B	3	12
揚げ油		適量	適量

エネルギー 219kcal　たんぱく質 9.3g　塩分 0.5g

作り方

1. ハンバーグに小麦粉をまぶす(冷凍ハンバーグの場合は、解凍するか、電子レンジで軽く加熱する)。
2. Aを混ぜて、バッター液を作る。
3. Bのかきの種はあらく砕いて、パン粉と混ぜる。
4. 1のハンバーグに2のバッター液をからませ、3の衣をしっかりつける(押さえるようにつけるとよい)。
5. 170℃の油で4を揚げる。

● 給食メモ ●
かきの種は焦げやすいので、注意!!

おもてなしの一品にも

花しゅうまい

材料

	1人分(g)	4人分
豚ひき肉	20	80
鶏ひき肉	20	80
玉ねぎ	25	100
たけのこ（水煮）	6	25
干ししいたけ	0.25	1
しょうが（すりおろす）	0.4	小さじ1/3
酒	0.4	小さじ1/2
塩　　　　┐	0.3	ひとつまみ
砂糖　　　│	0.3	ひとつまみ
しょうゆ　│A	1.2	小さじ1
オイスターソース│	0.6	小さじ1/2
ごま油　　│	0.4	小さじ1/3
かたくり粉┘	2.4	大さじ1
しゅうまいの皮	1枚	4枚
むき枝豆	1粒	4粒

作り方

1. 玉ねぎとたけのこはみじん切りにする。しいたけは水で戻し、あらみじん切りする。
2. しゅうまいの皮は、細切りにする。
3. 1にひき肉、しょうが、Aをよく混ぜ、1人2個に丸める。
4. 3に、2をまぶす。
5. 4の上に枝豆をのせる（押し込むとよい）。蒸気の上がった蒸し器で、強火で15〜20分蒸す。

エネルギー 111kcal　たんぱく質 8.3g　塩分 0.5g

地域の特産ワインを使って

豚肉とうずら卵の赤ワイン煮

エネルギー 173kcal　たんぱく質 10.6g　塩分 0.8g

材料

	1人分(g)	4人分
豚肩ロース（角切り）	42	180
赤ワイン	1.5	小さじ2
大根	30	120
うずら卵（水煮）	25	100
赤ワイン　┐	3	大さじ1
しょうゆ　│A	4.8	大さじ1
砂糖　　　│	1.5	大さじ1/2
みりん　　┘	1.2	小さじ1
ナツメグ（粉）	0.01	少々
かたくり粉┐	2	大さじ1
水　　　　┘	4cc	大さじ1

作り方

1. 豚肩ロース肉に、赤ワインをもみ込む。大根は厚めのいちょう切りにする。
2. 鍋に1を入れ、かぶるくらいの水（分量外）を入れ、弱火で1時間以上ゆっくり煮る（できれば2時間くらい）。
3. 豚肉が柔らかくなってきたら、Aとうずら卵を入れてさらに煮る。
4. 水溶きかたくり粉でとろみをつけ、ナツメグをふる。

スタミナ、狩りに行こうぜ

豚肉と夏野菜のしょうが焼き

材料

	1人分(g)	4人分
豚肉(こま切れ)	56	220
酒	1	小さじ1
玉ねぎ	28	1/2個
なす	6	24
にんじん	12	50
パプリカ	3	12
ピーマン	3	12
油	0.7	小さじ1
しょうが(すりおろす)	2.4	1/2かけ
しょうゆ ┐	3.7	大さじ1
みそ │	0.8	小さじ1/2
砂糖 A│	2	小さじ2
塩 │	0.15	少々
酒 ┘	0.6	小さじ1/2
かたくり粉 ┐	0.5	少々
水 ┘	1cc	小さじ1

作り方

1. 豚肉は酒をふる。玉ねぎはくし切り、なすは半月斜め切り、にんじんは短冊切り、パプリカとピーマンは5mm幅に切る。
2. フライパンを熱し、油でしょうが(半分)を炒めて香りを出し、豚肉、玉ねぎ、にんじんを炒める。
3. 2に、なすを加えて炒めたら、A、パプリカ、ピーマンを入れる。
4. 3に水溶きかたくり粉を回し入れ、残りのしょうがを入れる。

 給食メモ
ご家庭では水分を飛ばすように炒めて、かたくり粉は入れなくてOKです!

エネルギー 129kcal　たんぱく質 13.8g　塩分 1.0g

新鮮なズッキーニで

豚肉とズッキーニのオイスターソース炒め

材料

	1人分(g)	4人分
豚肉(こま切れ) ┐	38	150
酒 ┘	1.3	小さじ1
にんにく(すりおろす)	0.5	2
赤パプリカ	6	25
黄パプリカ	6	25
ズッキーニ	22	90
緑豆春雨	4.3	18
ごま油	0.6	小さじ1/2
酒	0.6	小さじ1/2
砂糖 ┐	0.5	小さじ1
塩 A│	0.4	小さじ1/2
オイスターソース ┘	1.7	小さじ1
かたくり粉 ┐	0.6	小さじ1/3
水 ┘	1.2cc	小さじ1

作り方

1. 豚肉に酒をふる。赤・黄パプリカは太めの千切り、ズッキーニは1/2斜めに切る。春雨は5cmに切り、水でさっと洗う。
2. フライパンを熱し、ごま油でにんにくを入れ香りを出し、豚肉を炒める。
3. ズッキーニ、パプリカを炒め、Aと春雨を入れて炒める。
4. 水溶きかたくり粉でとろみをつける。

エネルギー 119kcal　たんぱく質 7.5g　塩分 0.6g

ねぎみその おいしさ誰に 語らまし

豚肉のねぎみそ焼き

材料

	1人分(g)	4人分
豚ロース肉切身	1枚(60)	4枚
長ねぎ	1.2	5
みそ　　┐A	3.6	大さじ1
砂糖　　│	3.6	大さじ1
しょうゆ│	1.2	小さじ1
酒　　　│	2.4	小さじ2
みりん　┘	1.2	小さじ1
一味唐辛子	0.01	少々

作り方

1. 長ねぎはみじん切りにし、Aと混ぜ合わせる。
2. 豚肉に1をぬり、約1時間漬け込む。
3. 焦げに注意しながらオーブン（220〜230℃）か魚焼きグリルで焼く。

● 給食メモ ●
ねぎの量はお好みで増やしてください。

エネルギー 176kcal　たんぱく質 12.2g　塩分 0.8g

気分のりのり〜

豚肉の梅のり焼き

材料

	1人分(g)	4人分
豚ロース肉切身	1枚(60)	4枚
しょうゆ┐	2.4	大さじ1/2
酒　　　│	1.2	小さじ1
砂糖　　│A	1.2	大さじ1/2
酢　　　│	2.4	大さじ1/2
みりん　│	1.7	小さじ1
ねり梅　┘	3	小さじ2
きざみのり	0.4	2

作り方

1. Aを混ぜ合わせる。
2. 豚肉に1をぬり、約1時間漬け込む。
3. 豚肉の上にきざみのりをふりかけ、焦げに注意しながらオーブン（220〜230℃）か魚焼きグリルで焼く。

エネルギー 168kcal　たんぱく質 12.0g　塩分 0.6g

コリコリ食感が食欲UP

焼き豚ときくらげの炒め物

材料

	1人分(g)	4人分
焼き豚	12	50
生きくらげ	12	50
キャベツ	15	60
小松菜	17	70
ごま油	1	小さじ1
しょうゆ　　　┐	0.5	小さじ1/3
塩　　　　　　│	0.1	少々
オイスターソース│A	1.2	小さじ1
こしょう　　　│	0.02	少々
かたくり粉　　┘	0.5	小さじ2/3

作り方

1. きくらげ、キャベツ、焼き豚は短冊切りにする。小松菜は3cmのざく切りにする。
2. フライパンを熱し、ごま油できくらげ、キャベツを炒める。
3. キャベツがしんなりしたら、焼き豚、A、小松菜を入れて炒める（大量調理の場合は、小松菜をさっとゆでておき、最後にあえる程度にするとよい）。

エネルギー 39kcal　たんぱく質 3.0g　塩分 0.6g

おにく

ハンバーグラタン

材料

	1人分(g)	4人分
ハンバーグ	1個(60)	4個
玉ねぎ	8	30
ベーコン	3	12
ほうれん草	5	20
油	0.5	小さじ1/2
ホワイトルウ(シチューの素)	7.2	30
牛乳	10cc	40cc
塩　　　　A	0.13	少々
こしょう	0.02	少々
コンソメ	0.16	少々
水	28cc	120cc
生クリーム	1	小さじ1
粉チーズ　B	4	16
パン粉	0.8	3
紙カップ	1枚	4枚

エネルギー 202kcal　たんぱく質 11.6g　塩分 0.7g

作り方

1. 玉ねぎは薄切り、ベーコンは短冊切りにする。ほうれん草は2cmのざく切りにし、さっとゆでて冷水にさらし、水気を切る。
2. ホワイトソースを作る。鍋にAを入れて弱火でゆっくり加熱し、ふつふつとしたら火を止める。
3. フライパンを熱し、油でベーコン、玉ねぎを炒め、2のホワイトソース、ほうれん草、生クリームを入れて混ぜる。
4. Bを混ぜる。
5. 紙カップ(または耐熱皿)にハンバーグ、3のソース、4をかけて、オーブン(200℃)で焼く。

ハンバーグのカポナータソース

材料

	1人分(g)	4人分
ハンバーグ	1個(60)	4個
ズッキーニ	8	35
玉ねぎ	8	35
黄パプリカ	3	12
赤パプリカ	3	12
トマト	15	60
にんにく(すりおろす)	0.4	小さじ1/2
なす	10	40
オリーブ油	0.6	小さじ1/2
塩 〕A	0.26	少々
こしょう	0.01	少々
ケチャップ	5	小さじ4
砂糖	0.3	小さじ1/3
乾燥オレガノ	0.06	少々
乾燥パセリ	0.06	少々

作り方

1 なすは1cm角切りにして水にさらす。トマトは皮と種をとり、1cm角切りにする。玉ねぎ、ズッキーニ、パプリカ2種は1cm角切りにする。ハンバーグを焼くか蒸す(電子レンジで加熱も可)。

2 フライパンを熱し、オリーブ油とにんにくを入れ、香りが出たら、玉ねぎ、ズッキーニ、なす、パプリカを炒める。玉ねぎが半透明になったらトマトを入れてさらに炒める。

3 Aを入れ、とろみが少しつくくらいまで炒める。

4 ハンバーグに、3をかける。

 給食メモ
トマトは加熱すると酸味がとび、うま味が引き出されます。

エネルギー 180kcal　たんぱく質 11.2g　塩分 1.1g

おにく

ハンバーグのトマト赤ワインソース

材料

	1人分(g)	4人分
ハンバーグ	1個(60)	4個
にんにく(すりおろす)	0.7	小さじ2/3
玉ねぎ	15	60
しめじ	10	40
トマト(水煮)	18	70
油	0.7	小さじ1
ケチャップ 〕A	7	大さじ2
赤ワイン	3	小さじ2
砂糖	1.2	小さじ1
こしょう	0.02	少々
しょうゆ	1.5	小さじ1
水	30cc	120cc

作り方

1 玉ねぎは薄切りにする。しめじは小房に分ける。トマトはあらく刻む。ハンバーグを焼くか蒸す(電子レンジで加熱も可)。

2 フライパンを熱し、油でにんにく、玉ねぎ、しめじを炒め、玉ねぎがしんなりしてきたらトマト、Aを入れ、とろみが少しつくくらいまで煮る。

3 ハンバーグに、2をかける。

エネルギー 191kcal　たんぱく質 11.5g　塩分 1.1g

ハンバーグフェス
ハンバーグのみぞれソース

材料

	1人分(g)	4人分
ハンバーグ	1個(60)	4個
酒	4	小さじ4
しょうゆ	4	大さじ1
みりん A	1.8	小さじ1
砂糖	2.4	大さじ1
水	4cc	大さじ1
大根	12	50
かたくり粉	0.8	小さじ1
水	2cc	大さじ1/2

作り方

1. 大根はすりおろす。ハンバーグを焼くか蒸す(電子レンジで加熱も可)。
2. フライパンを熱し、Aと大根おろしを入れて加熱する。ふつふつとして大根おろしに火が通ったら、水溶きかたくり粉を入れてとろみをつける。
3. ハンバーグに、2のソースをかける。

エネルギー 185kcal　たんぱく質 11.1g　塩分 1.4g

ハンバーグフェス
豆腐ハンバーグの黄金焼き

材料

	1人分(g)	4人分
豆腐ハンバーグ	1個(60)	4個
にんじん	3	12
ホールコーン	4	16
ピザ用チーズ A	5	20
マヨネーズ	5	大さじ2
カレー粉	0.12	少々

作り方

1. にんじんはすりおろす。
2. Aを混ぜる。
3. 天板に豆腐ハンバーグを並べ、2をのせる。
4. オーブン(200℃)か魚焼きグリルで焼く。

● 給食メモ ●
すりおろしたにんじんを入れると、きれいな黄金色になります。

エネルギー 333kcal　たんぱく質 6.4g　塩分 0.6g

ハンバーグフェス
ハンバーグのチーズ焼き

材料

	1人分(g)	4人分
ハンバーグ	1個(60)	4個
玉ねぎ	7	30
マヨネーズ	7	30
ピザ用チーズ	7	30
乾燥パセリ A	0.05	少々
塩	0.1	少々
こしょう	0.02	少々

作り方

1. 玉ねぎはあらみじん切りにする。
2. Aを混ぜる。
3. 天板にハンバーグを並べ、2をのせる。
4. オーブン(200℃)か魚焼きグリルで焼く。

● 給食メモ ●
「チーハン」と呼ばれる愛されメニュー。

エネルギー 333kcal　たんぱく質 6.4g　塩分 0.6g

ハンバーグフェス

ハンバーグの越後みそソース

材料

	1人分(g)	4人分
ハンバーグ	1個(60)	4個
油	1.2	小さじ1
みそ	3.6	小さじ2
砂糖	2.4	大さじ1
だし汁	15cc	60cc
米粉	1.8	小さじ2
水	3.6cc	大さじ1

作り方

1. ハンバーグを焼くか蒸す（電子レンジで加熱も可）。
2. フライパンを熱し、油でみそ、砂糖を入れて炒める。とろみが出てきたら、一旦火を止め、だし汁をそっと入れる（みそが飛び散るので、必ず火を止めてからだし汁を入れる）。
3. 再び火をつけ、ふつふつしてきたら水溶き米粉を入れてとろみをつける。
4. ハンバーグに、3のソースをかける。

エネルギー 190kcal　たんぱく質 11.3g　塩分 1.2g

おにく

切り分けるのが楽しみ！
断層ミートローフ

材料
※底面18cm×7cm程度の型1つで10人分

		1人分(g)	10人分
豚ひき肉	A	24	240
塩	A	0.25	ひとつまみ
玉ねぎ	A	12	120
パン粉	A	0.6	大さじ1と1/2
鶏ひき肉	B	24	240
塩	B	0.25	ひとつまみ
玉ねぎ	B	12	120
パン粉	B	0.6	大さじ1と1/2
ミートローフ型（またはパウンドケーキ型）			1個

作り方

1. 玉ねぎはみじん切りにする。
2. 豚ひき肉に塩を入れ、粘りが出るまでよくこねる。
3. 玉ねぎ、パン粉を入れ均一になるように混ぜ合わせ、型へ詰めやすいように成型する(A)。
4. 鶏ひき肉も同様に2・3を行う(B)。
5. AとBを2層になるようにミートローフ型に詰める（しっかりくっつくように押しつけ、できるだけ端まで詰める）。
6. オーブン(180℃)で30分焼く。
7. 焼きあがったら10等分に切り分ける。

◆給食メモ
フォッサマグナパークの糸魚川―静岡構造線の断層を表したミートローフです。

エネルギー 103kcal　たんぱく質 8.8g　塩分 0.4g

スーパーフルーツ・アロニア

とんかつのアロニアソース

材料

	1人分(g)	4人分
豚ヒレ肉切身	1切(40)	4切
塩	0.2	少々
こしょう	0.03	少々
小麦粉 A	5	大さじ2
水	4cc	大さじ1
パン粉	6	24
揚げ油	適量	適量
アロニアジャム	2.2	10
ブルーベリージャム	4.2	17
レモン果汁	0.7	少々
しょうゆ B	2.2	小さじ1
赤ワイン	2	小さじ1
水	1.5cc	6cc

作り方

1 豚ヒレ肉に塩、こしょうをふる。
2 Aを混ぜ、バッター液を作る。
3 1に2をからめて、パン粉をつけ、180℃の油で揚げる。
4 鍋にBを入れて加熱する(電子レンジで加熱も可)。
5 3のヒレカツに4のアロニアソースをかける。

● 給食メモ ●
五泉市の特産品「アロニアジャム」を使ったおしゃれな一品です。

エネルギー 139kcal　たんぱく質 10.4g　塩分 0.6g

日本海の夕日色

トマトたれかつ

材料

	1人分(g)	4人分
豚ヒレ肉切身	1切(40)	4切
こしょう	0.01	少々
小麦粉	5	大さじ2
粉チーズ A	2	小さじ4
水	6.5cc	大さじ2
パン粉	7	大さじ3
揚げ油	適量	適量
砂糖	1.8	小さじ2と1/2
みりん	1.8	大さじ1/2
しょうゆ B	1.8	大さじ1/2
無塩トマトジュース	12	50
昆布粉末	0.06	少々

作り方

1 豚ヒレ肉にこしょうをふる。
2 Aを混ぜ、バッター液を作る。
3 1の豚ヒレに2をからめて、パン粉をつけ、170～180℃の油で揚げる。
4 鍋にBを入れて加熱する(電子レンジで加熱も可)。
5 3のヒレカツに4のトマトたれをかける。

エネルギー 153kcal　たんぱく質 10.4g　塩分 0.5g

パンにもごはんにも

鶏肉のレモンバターソース

材料

	1人分(g)	4人分
鶏モモ肉切身	1切(60)	4切
塩	0.25	ひとつまみ
こしょう	0.02	少々
油	2	小さじ2
米粉	2	小さじ3
しょうゆ	2	大さじ1/2
みりん	1	小さじ1/2
酒	1.2	小さじ1
砂糖　A	1.2	大さじ1/2
レモン汁	3	大さじ1
有塩バター	1.7	小さじ2
水	3.6cc	大さじ1

作り方

1. 鶏肉に塩、こしょうをふる。
2. 1に油、米粉の順にからめ、オーブン(220～230℃)か魚焼きグリルで焼く。
3. 鍋にAを入れ、加熱する(電子レンジで加熱も可)。
4. 2の鶏肉に3のレモンバターソースをかける。

エネルギー 114kcal　たんぱく質 11.6g　塩分 0.6g

おにく

いろいろなザクザクを感じる

ザクうまチキン

材料

	1人分(g)	4人分
鶏モモ肉切身	1切(60)	4切
酒	1.8	大さじ1/2
かたくり粉	6	大さじ2と2/3
揚げ油	適量	適量
しょうゆ	2.8	小さじ2
砂糖	1.2	小さじ1
酒　A	1.2	小さじ1
水	6cc	大さじ2
ちりめんじゃこ	1.2	5
揚げ油	適量	適量
玉ねぎ	6	25
米粉	0.6	小さじ1
揚げ油	適量	適量
パン粉	1.8	大さじ1/2
スライスアーモンド	1.8	大さじ1と1/2
ガーリックパウダー	0.01	少々
乾燥パセリ	0.06	少々
黒こしょう	0.01	少々

作り方

1. 鶏肉に酒をふる。玉ねぎは半分に切って繊維に垂直に3等分し、薄切りにする。パン粉、アーモンドは、フライパンでから炒りする(電子レンジでもトースターでも可)。
2. 鍋にAを入れて加熱する(電子レンジで加熱も可)。
3. 鶏肉にかたくり粉をまぶし、170～180℃の油で揚げ、2のたれをかける。
4. ちりめんじゃこは150℃の油で素揚げ、玉ねぎは米粉をまぶし、150℃の油でカリカリに揚げる。
5. 4のちりめんじゃこと玉ねぎ、パン粉、アーモンド、ガーリックパウダー、パセリ、こしょうを混ぜる。
6. 3に5をふりかける。

エネルギー 186kcal　たんぱく質 13.2g　塩分 0.6g

韓国発の絶品だれ

ヤンニョムチキン

材料

	1人分(g)	4人分
鶏モモ肉切身	1切(60)	4切
酒	1.2	小さじ1
にんにく（みじん切り） A	1.2	5
塩	0.2	ひとつまみ
こしょう	0.05	少々
かたくり粉	6	大さじ3
揚げ油	適量	適量
ケチャップ	8	大さじ2
コチュジャン	0.8	小さじ1/2
砂糖	3.6	大さじ1
みりん B	2.4	大さじ1/2
ごま油	0.6	小さじ1/2
白いりごま	1.5	小さじ2
水	2.4cc	小さじ2

作り方

1. 鶏肉にAで下味をつけ、約1時間漬け込む。
2. 1の鶏肉にかたくり粉をまぶし、170〜180℃の油で揚げる。
3. 鍋にBを入れ、加熱する（電子レンジで加熱も可）。
4. 2に3をからめる。

● 給食メモ ●
子ども用に辛さ控え目です。辛くしたい場合はコチュジャンで調整してください。

エネルギー 194kcal　たんぱく質 11.9g　塩分 0.7g

ゆずれないおいしさ

鶏のから揚げゆずソース

材料

	1人分(g)	4人分
鶏モモ肉切身	1切(60)	4切
塩	0.12	少々
こしょう	0.02	少々
にんにく（すりおろす）	0.5	小さじ1/2
かたくり粉	4	大さじ2
米粉	3	大さじ1
揚げ油	適量	適量
ゆず果汁	3	小さじ2
ゆずの外皮	1	4
はちみつ	2.6	大さじ1/2
砂糖	0.8	小さじ1
酒	1.6	大さじ1/2
しょうゆ A	2	大さじ1/2
かたくり粉	0.3	小さじ1/3
水	3cc	大さじ1

作り方

1. ゆずの外皮の黄色い部分を薄くむき、千切りにする。ゆずの果汁をしぼる。鶏肉に塩、こしょう、にんにくで下味をつける。
2. かたくり粉と米粉を混ぜる。
3. 鶏肉に2をまぶし、180℃の油で揚げる。
4. 鍋にAと、1のゆずの皮と果汁を入れ加熱し、ふつふつしてきたら火を止める（電子レンジで加熱も可）。
5. 3の鶏肉に4のゆずソースをかける。

エネルギー 168kcal　たんぱく質 11.7g　塩分 0.5g

カリカリ、しっとり、やみつき食感

鶏肉のコーンフレーク焼き

材料

		1人分(g)	4人分
鶏モモ肉切身		1切(60)	4切
塩	A	0.12	少々
こしょう		0.02	少々
にんにく(すりおろす)		0.5	2
マヨネーズ		8	大さじ2と1/2
パン粉	B	3	大さじ3
粉チーズ		3	大さじ2
パセリ(みじん切り)		0.5	2
コーンフレーク(プレーン)		5	20

作り方

1. 鶏肉にAで下味をつける。
2. コーンフレークは軽く砕き、Bと混ぜ、1につける。
3. 天板に2を並べる。
4. オーブン(220〜230℃)か魚焼きグリルで焼く。

エネルギー 178kcal　たんぱく質 15.5g　塩分 0.5g

ジューシージューシーしあわせだ♪

ハーブチキン

材料

		1人分(g)	4人分
鶏モモ肉切身		1切(60)	4切
白ワイン		1.2	小さじ1
にんにく(すりおろす)	A	0.3	少々
乾燥バジル		0.05	少々
こしょう		0.03	少々
塩こうじ		2.5	大さじ1

作り方

1. 鶏肉にAで下味をつけ、約1時間漬け込む。
2. 天板に1を並べる。
3. オーブン(200℃)か魚焼きグリルで焼く。

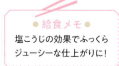

●給食メモ●
塩こうじの効果でふっくら
ジューシーな仕上がりに！

エネルギー 75kcal　たんぱく質 11.4g　塩分 0.4g

塩こうじでふっくら
鶏肉の塩こうじカレー焼き

材料

	1人分(g)	4人分
鶏モモ肉切身	1切(60)	4切
塩こうじ	4.5	大さじ1
酒　　A	3.5	大さじ1
カレー粉	0.35	小さじ1/2

作り方

1. 鶏肉にAで下味をつけ、約1時間漬け込む。
2. 天板に**1**を並べる。
3. オーブン（220〜230℃）か魚焼きグリルで焼く。

エネルギー 70kcal　たんぱく質 9.5g　塩分 0.7g

エネルギー 82kcal　たんぱく質 12.1g　塩分 0.7g

新たな甘酒STYLE
鶏肉の甘酒みそ焼き

材料

	1人分(g)	4人分
鶏モモ肉切身	1切(60)	4切
しょうが（すりおろす）	0.5	小さじ1/2
にんにく（すりおろす）　A	0.5	小さじ1/2
甘酒	5	小さじ4
みそ	5	大さじ1

作り方

1. 鶏肉にAで下味をつけ、約1時間漬け込む。
2. 天板に**1**を並べる。
3. オーブン（220〜230℃）か魚焼きグリルで焼く。

● 給食メモ ●
甘酒の糖分で焦げやすいので注意！

はちみつにニンマリ
鶏肉のはちみつ焼き

材料

	1人分(g)	4人分
鶏モモ肉切身	1切(60)	4切
にんにく（すりおろす）	0.4	小さじ1/2
みそ	2	大さじ1/2
塩こうじ　A	1	小さじ1
酒	2	小さじ2
はちみつ	1.5	小さじ1

作り方

1. 鶏肉にAで下味をつけ、約1時間漬け込む。
2. 天板に**1**を並べる。
3. オーブン（220〜230℃）か魚焼きグリルで焼く。

エネルギー 81kcal　たんぱく質 11.7g　塩分 0.5g

おさかな

栄養教諭に聞いてみた！
給食こぼれ話

急な休校で、魚の切り身の行き場がない！と困っていると、教育委員会の方が他の学校まで運んでくださり、無駄にならずに済みました。

魚の揚げ煮の給食の日、担任の先生が「この肉のおかわりいる人〜？」と聞いていました。先生、肉じゃなくて魚です。献立表見てね♪

シシャモやメギス、背骨だけきれ〜いに残す子。箸づかいがうまいなぁ…と思わず感心。いやいや、そこに一番カルシウムがあるのよ〜。

「サメのフライ」初登場の日、4限終了後に見本を見た小学校4年生が一言「俺が思ってたサメと違う！」どんな想像をしていたのかな？

よっ！日本一！
めぎすのかんずりジュレソース

材料

	1人分(g)	4人分
めぎす開き	1尾	4尾
酒かす (A)	1.5	小さじ1
砂糖 (A)	0.6	小さじ1/2
塩 (A)	0.1	ひとつまみ
みりん (A)	1	小さじ1/2
米粉	4	大さじ1と1/2
揚げ油	適量	適量
砂糖 (B)	0.7	小さじ1/2
無塩トマトジュース (B)	3.6	大さじ1
みそ (B)	0.5	小さじ1/3
かんずり (B)	0.36	小さじ1/4
水 (B)	4cc	大さじ1
粉寒天 (B)	0.07	少々

エネルギー 77kcal　たんぱく質 4.8g　塩分 0.4g

作り方

1. めぎすにAで下味をつける。
2. 鍋にBを入れ、加熱し（電子レンジで加熱も可）冷ます。固まったらクラッシュし、かんずりジュレソースを作る。
3. 1に米粉をまぶし、170〜180℃の油で揚げる。
4. 3に2のかんずりジュレソースをかける。

●給食メモ
第18回全国学校給食甲子園で、優勝を飾ったレシピです。
©全国学校給食甲子園
https://kyusyoku-kosien.net

As you like ♡
笹かまぼこのお好み焼き

材料

	1人分(g)	4人分
笹かまぼこ	2枚	8枚
マヨネーズ	7	大さじ2と1/2
お好み焼きソース	6	大さじ1と1/2
青のり	0.1	少々
かつお節	0.7	3

作り方

1. 天板に笹かまぼこを並べる。
2. マヨネーズとお好み焼きソースを混ぜ、笹かまぼこにぬる。
3. 青のりとかつお節を、2にかける。
4. オーブン(180℃)か魚焼きグリルで焼く。

エネルギー 107kcal　たんぱく質 7.0g　塩分 0.4g

卵なしで 絶品タルタル
鮭のチーズタルタルがけ

材料

	1人分(g)	4人分
鮭切身	1切(60)	4切
かたくり粉	5	大さじ2
揚げ油	適量	適量
しょうゆ (A)	1.5	小さじ1
みりん (A)	1.2	小さじ1
砂糖 (A)	2.4	大さじ1
酒 (A)	2.4	大さじ1/2
玉ねぎ (B)	10	40
きゅうり (B)	4	15
酢 (B)	2.4	大さじ1/2
砂糖 (B)	0.2	ひとつまみ
カテージチーズ (B)	5	20
マヨネーズ (B)	9	45

作り方

1. 鮭にかたくり粉をまぶし、170～180℃の油で揚げる。
2. 鍋にAを入れ、加熱する(電子レンジで加熱も可)。
3. 1を2でからめる。
4. Bでタルタルソースを作る。玉ねぎ、きゅうりはみじん切りにしてさっとゆでて水にさらし、しぼって水気を切り、調味料と混ぜる。
5. 3に4のタルタルソースをかける。

エネルギー 202kcal　たんぱく質 12.0g　塩分 0.6g

鮭、包んじゃいました
鮭とチーズの包み揚げ

材料

	1人分(g)	4人分
鮭切身	1切(30)	4切
スティックチーズ	10(1本)	4本
春巻きの皮	1枚	4枚
青じそ	1枚	4枚
小麦粉	少々	少々
水	少々	少々
揚げ油	適量	適量

作り方

1. 鮭は包みやすい大きさに切る。
2. 春巻きの皮に青じそ、鮭、スティックチーズをのせて巻き、巻き終わりに水溶き小麦粉をぬってとじる。
3. 170～180℃の油で揚げる。

エネルギー 137kcal　たんぱく質 9.6g　塩分 0.4g

おさかな

おいしい秋 見つけた♪

鯖のもみじ煮

材料

	1人分(g)	4人分
鯖切身	1切(60)	4切
しょうゆ	5	大さじ1
砂糖	4	小さじ4
しょうが(すりおろす)	0.3	小さじ1/4
酒　　　　A	1.2	小さじ1
酢	1.2	小さじ1
みりん	1.2	小さじ1
水	50cc	200cc
大根	5	20
にんじん	4	15

作り方

1. 大根とにんじんはすりおろす。
2. 鍋にAを入れて加熱し、ふつふつしてきたら、鯖を入れ弱火～中火で煮る。鯖に火が通ったら1を入れて水分を飛ばす。

給食メモ
煮魚は火を止めて10分くらい休ませると味がなじみます。

エネルギー 174kcal　たんぱく質 12.8g　塩分 0.9g

あなた、パンにも合うのね!!

鯖のトマト煮

材料

	1人分(g)	4人分
鯖切身	1切(60)	4切
オリーブ油	1.8	小さじ2
にんにく(スライス)	0.6	1/2片
玉ねぎ	6	25
トマトピューレ	15	大さじ4
ケチャップ	2.3	小さじ2
酒	2.4	小さじ2
しょうゆ	3.4	小さじ2
みりん　　A	2.7	小さじ2
砂糖	1.3	小さじ1
ワインビネガー	0.7	小さじ1/2
水	24cc	100cc

作り方

1. 玉ねぎは薄切りにする。
2. フライパンを熱し、オリーブ油でにんにく、玉ねぎを炒め、Aを入れて加熱し、ふつふつしてきたら鯖を入れて弱火～中火で煮る。
3. 鯖に火が通り、水分がなくなったら火を止める。

エネルギー 194kcal　たんぱく質 13.1g　塩分 0.8g

鯖とかつおの最強フュージョン！

鯖のおかか煮

材料

	1人分(g)	4人分
鯖切身	1切(60)	4切
しょうゆ	6	大さじ1と1/2
砂糖	3.8	小さじ4
しょうが（すりおろす） A	0.3	小さじ1/4
酒	1.2	小さじ1
みりん	1.2	小さじ1
水	48cc	200cc
かつお節	0.12	0.5

作り方

1. 鍋にAを入れて加熱し、ふつふつしてきたら、鯖を入れて弱火～中火で煮る。
2. 鯖に火が通ったら、かつお節をふりかけ水分を飛ばす。

エネルギー 172kcal　たんぱく質 13.0g　塩分 1.0g

定番にコクをプラス

鯖のごまみそ煮

材料

	1人分(g)	4人分
鯖切身	1切(60)	4切
砂糖	3	大さじ1
みりん	18	大さじ4
酒	2.4	小さじ2
みそ A	7.2	大さじ2
しょうが（千切り）	1.2	5
水	30cc	120cc
白すりごま	2.4	大さじ1

作り方

1. 鍋にAを入れ加熱し、ふつふつしてきたら、鯖を入れて弱火～中火で煮る。
2. 鯖に火が通ったらすりごまを入れて水分を飛ばす。

● 給食メモ
鯖をオーブン（220～230℃）か魚焼きグリルで軽く素焼きしてから煮ると、臭みがとれて煮崩れもしにくくなります。

エネルギー 234kcal　たんぱく質 13.9g　塩分 1.1g

おさかな

みそ煮より時短

鯖のみそだれ

材料

	1人分(g)	4人分
鯖切身	1切(60)	4切
しょうが（すりおろす）	0.4	小さじ1/2
みそ	2.4	小さじ1と1/2
しょうゆ	1.8	小さじ1と1/2
酒	1.2	小さじ1
みりん A	0.6	小さじ1/2
砂糖	1.5	小さじ2
水	6cc	24cc
かたくり粉	0.5	小さじ1/2

作り方

1. 鯖をオーブン（220～230℃）か魚焼きグリルでこんがり焼く。
2. 鍋にしょうが、Aを入れ、加熱する（電子レンジで加熱も可）。
3. 1に2のみそだれをかける。

エネルギー 163kcal　たんぱく質 9.0g　塩分 0.8g

給食でおしゃれイタリアン

鱈のアクアパッツア

材料

	1人分(g)	4人分
真鱈切身	1切(50)	4切
酒	1.2	小さじ1
塩	0.3	小さじ1/3
こしょう	0.03	少々
あさり(むき身)	10	40
にんにく(すりおろす) A	0.5	2
油	2.5	大さじ1
トマト	15	60
玉ねぎ	6	25
パセリ	0.5	少々

作り方

1. 鱈に酒、塩、こしょうで下味をつける。
2. トマトは1cmの角切り、玉ねぎは薄切り、パセリはみじん切りにする。
3. Aにトマトと玉ねぎを混ぜる。
4. 耐熱容器に1を入れ、その上に3をのせてスチームオーブン(200℃約15分)で蒸し焼きにする(または、鍋に1を入れ、その上に3をのせて蓋をし、火にかけて蒸し焼きにする)。
5. パセリをふる。

● 給食メモ ●
鯛やかれいなどの白身魚でもおいしいです。

エネルギー 79kcal　たんぱく質 10.8g　塩分 0.7g

鱈のおめかし

鱈のフリール・ヴァンブランソース

材料

	1人分(g)	4人分
真鱈切身	1切(60)	4切
米粉	8	32
揚げ油	適量	適量
長ねぎ	1.2	5
にんにく(すりおろす)	0.12	小さじ1/8
有塩バター	0.12	小さじ1/8
白ワイン	4.8	小さじ4
水 A	6cc	大さじ2
牛乳	6	大さじ2
生クリーム	7.2	大さじ2
レモン汁	0.12	少々
塩	0.06	少々
こしょう	0.01	少々

作り方

1. 長ねぎはみじん切りにする。
2. 鱈に米粉をまぶし、170〜180℃の油で揚げる。
3. フライパンにバターを入れて熱し、にんにく、長ねぎを炒め、香りが出たら、Aを入れて加熱する。
4. とろみが出たらレモン汁、塩、こしょうを入れソースを作る。
5. 2に4のヴァンブランソースをかける。

● 給食メモ ●
鱈は揚げ焼きにしてもOKです。

エネルギー 162kcal　たんぱく質 10.3g　塩分 0.3g

黒酢のうま味がポイント！
鯵の黒酢ソース

エネルギー 146kcal　たんぱく質 12.2g　塩分 0.7g

材料

	1人分(g)	4人分
鯵切身	1切(60)	4切
しょうが(すりおろす)	0.3	小さじ1/2
酒	1.2	小さじ1
かたくり粉	5	大さじ2
揚げ油	適量	適量
にんにく(すりおろす)	0.4	小さじ1/2
長ねぎ	2	8
酒 (A)	0.3	小さじ1/4
砂糖 (A)	2.4	大さじ1
しょうゆ (A)	3.5	大さじ1
黒酢 (A)	5	大さじ1と1/2
水 (A)	7cc	大さじ2

作り方
1. 鯵にしょうが、酒で下味をつける。
2. 1にかたくり粉をまぶし、170～180℃の油で揚げる。
3. 長ねぎはみじん切りにする。
4. 鍋にA、にんにく、長ねぎを入れ、加熱する（電子レンジで加熱も可）。
5. 2に4の黒酢ソースをかける。

何にでも合う！万能ソース
めぎすの米粉揚げ香味ソースがけ

エネルギー 83kcal　たんぱく質 7.9g　塩分 0.6g

材料

	1人分(g)	4人分
めぎす開き	2尾	8尾
米粉	2	大さじ1
揚げ油	適量	適量
長ねぎ	3.6	15
砂糖 (A)	0.96	小さじ1と1/2
しょうゆ (A)	3	小さじ2
酢 (A)	1.8	大さじ1/2
水 (A)	1.2cc	小さじ1

作り方
1. 長ねぎはみじん切りにする。
2. めぎすに米粉をまぶし、170℃の油で揚げる。
3. 鍋にA、長ねぎを入れ、加熱する（電子レンジで加熱も可）。
4. 2に3の香味ソースをかける。

外はサクサク、中はフワフワ
白身魚のパン粉焼き

エネルギー 114kcal　たんぱく質 12.4g　塩分 0.7g

材料

	1人分(g)	4人分
白身魚切身	1切(60)	4切
塩	0.3	少々
こしょう	0.01	少々
オリーブ油	3	大さじ1
パン粉	6	25
乾燥バジル	0.1	少々
粉チーズ	3	大さじ2

作り方
1. 白身魚に塩、こしょうで下味をつける。
2. パン粉をオリーブ油と混ぜ、フライパンできつね色になるまで炒める。あら熱がとれたら、粉チーズとバジルを混ぜる。
3. 1に2をつけ、天板に並べる。
4. オーブン（190℃）か魚焼きグリルで焼く。

おさかな

割烹クオリティ

白身魚の竜田あんかけ

材料

	1人分(g)	4人分
白身魚切身	1切(60)	4切
かたくり粉	6	大さじ3
揚げ油	適量	適量
うすくちしょうゆ	3.6	大さじ1
砂糖	1.5	小さじ2
みりん　A	3	小さじ2
かたくり粉	1	小さじ1
水	18cc	大さじ5

作り方

1. 白身魚にかたくり粉をまぶし、170〜180℃の油で揚げる。
2. 鍋にAを入れ、加熱する(電子レンジで加熱も可)。
3. 1に2のあんをかける。

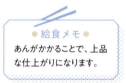
●給食メモ●
あんがかかることで、上品な仕上がりになります。

エネルギー 138kcal　たんぱく質 10.4g　塩分 0.8g

日本海のめぎすを地中海風に

めぎすのエスカベッシュ

材料

	1人分(g)	4人分
めぎす開き	2尾	8尾
かたくり粉	5	大さじ2
揚げ油	適量	適量
玉ねぎ	5	20
にんじん	2.5	10
にんにく(すりおろす)	0.25	小さじ1/2
酢	3.8	大さじ1
オリーブ油	1.8	小さじ2
砂糖　　A	1.3	小さじ2
うすくちしょうゆ	1.8	小さじ1/2
塩	0.2	ひとつまみ
こしょう	0.01	少々
水	4cc	大さじ1
レモン汁	2	大さじ1/2

作り方

1. 玉ねぎは薄切り、にんじんは細切りにする。
2. めぎすにかたくり粉をまぶし、170℃の油で揚げる。
3. 鍋にA、玉ねぎ、にんじんを入れて加熱し、レモン汁を入れて、軽く煮立たせる。
4. 2に3のエスカベッシュソースをかける。

●給食メモ●
小骨が気にならずに丸ごと食べられます。

エネルギー 113kcal　たんぱく質 7.7g　塩分 0.7g

地層の化石をイメージ

岩石ハンバーグ

材料

	1人分(g)	4人分
鶏ひき肉	30	120
飛び魚すり身	36	150
玉ねぎ	18	80
にんじん	6	30
干しひじき	1	4
さやいんげん	5	20
塩	0.3	ふたつまみ
こしょう	0.02	少々
豆乳	2.4	小さじ2
パン粉	3.6	大さじ4
米粉	3.6	大さじ1と1/2
みそ	3.6	大さじ1
ダイスアーモンド	3.6	15

作り方

1. 玉ねぎ、にんじん、さやいんげんはみじん切りにする。ひじきは水で戻す。
2. ダイスアーモンド以外の材料をよく混ぜ合わせる。
3. 2を人数分に分けて小判型にし、アーモンドをのせる。
4. 3を天板に並べる。
5. オーブン(220〜230℃)で焼く。

● 給食メモ ●
佐渡のジオパークを連想して考案した料理。佐渡で獲れる飛び魚のすり身を混ぜ、ひじきやさやいんげんで地層に埋まっている化石や石をイメージしました。

エネルギー 159kcal　たんぱく質 15.3g　塩分 0.8g

おさかな

いつもと違うししゃも天ぷら

ししゃものみのむしフライ

材料

	1人分(g)	4人分
子持ちししゃも	2尾(1尾20g)	8尾
小麦粉(下粉)	1	大さじ1/2
じゃがいも	10	40
青のり	0.05	小さじ1/4
天ぷら粉	7.5	大さじ3
水	4cc	大さじ1
揚げ油	適量	適量

作り方

1. ししゃもに小麦粉をふる。じゃがいもは細切りにしてさっと水洗いし、ざるに上げて水気を切る。
2. 天ぷら粉を水で溶き、青のり、じゃがいもを入れて衣を作る。
3. ししゃもに2をまとわせ、170℃〜180℃の油で揚げる。

● 給食メモ ●
じゃがいもの細さによって食感が変わります。

エネルギー 151kcal　たんぱく質 9.0g　塩分 0.5g

バター醤油が食欲をそそる
真鯛のバター醤油ムニエル

材料

	1人分(g)	4人分
真鯛切身	1切(50)	4切
塩	0.12	ひとつまみ
こしょう	0.01	少々
小麦粉	2.4	大さじ1
オリーブ油	1.8	小さじ2
有塩バター	1.2	5
しょうゆ	2.4	小さじ2
パセリ	0.5	少々

作り方
1. 真鯛に塩、こしょうで下味をつけ、小麦粉をまぶす。
2. バターを少しやわらかくし、オリーブ油、しょうゆと混ぜる。
3. 天板に1を並べ2をぬり、オーブン(180℃)で焼く。
4. 刻んだパセリをふる。

エネルギー 143kcal　たんぱく質 12.9g　塩分 0.5g

エネルギー 178kcal　たんぱく質 12.4g　塩分 0.5g

カレーとマヨの最強タッグ
鰆のカレーマヨ焼き

材料

	1人分(g)	4人分
鰆(さわら)切身	1切(60)	4切
塩	0.12	ひとつまみ
こしょう	0.01	少々
マヨネーズ	12	大さじ4
カレー粉 A	0.4	小さじ3/4
塩	0.06	少々
乾燥パセリ	0.05	少々

作り方
1. 鰆に塩、こしょうで下味をつける。
2. Aを混ぜ、1の鰆にぬる。
3. 天板に2を並べオーブン(220～230℃)か魚焼きグリルで焼く。

●給食メモ●
鰆を鶏肉に変えてもおいしいです。

かば焼きだってカレー味
鰯のかば焼き〜カレーの香り〜

材料

	1人分(g)	4人分
鰯(いわし)開き	1枚(50)	4枚
かたくり粉	3.6	大さじ2
揚げ油	適量	適量
砂糖	3.6	大さじ2
しょうゆ	3.6	大さじ1
みりん	2.4	小さじ2
カレー粉 A	0.24	小さじ1/2
酒	2.4	小さじ2
水	6cc	大さじ1と1/2

作り方
1. 鰯にかたくり粉をまぶし、180℃の油で揚げる。
2. 鍋にAを入れて、加熱する(電子レンジで加熱も可)。
3. 1に2のかば焼きのたれをかける。

エネルギー 159kcal　たんぱく質 9.9g　塩分 0.6g

卵・豆・豆製品

 栄養教諭に聞いてみた！
給食こぼれ話

「給食、いつもおいしいです！え〜っと…鼻血が出るほどおいしい!!」最大級の称賛をひねり出してくれた子。例えが秀逸！このまますてきな大人になってください。

雪国・新潟の給食。大雪、水道管の凍結など冬は心配ごとがいっぱいですが、調理員さんや業者さんのご尽力で乗り切ることが多数です。

外国の料理の日は「食べたことないから、正解が分からない…」と、悩む調理員さん。最後は「…おいしくできればいいよね！」で手打ちに。

「納豆注意報」。小学校1年生が給食で納豆を食べる時は、職員のサポートを増やして対応！納豆を混ぜる、ごはんにかける、食べるまで大騒ぎ！

アツアツでどうぞ

エッグラタン

材料

	1人分(g)	4人分
卵	1個	4個
玉ねぎ	9.6	40
ベーコン	3.8	15
ほうれん草	6	25
油	0.6	小さじ1/2
ホワイトルウ	9	40
牛乳	12	50
塩	0.15	1
コンソメ	0.2	1
水	35cc	140cc
生クリーム	1.2	小さじ1
粉チーズ	5	大さじ3
パン粉	1	大さじ1

（塩〜生クリームはA）

エネルギー 180kcal　たんぱく質 11.0g　塩分 1.0g

作り方

1. 玉ねぎは薄切り、ベーコンは短冊切り、ほうれん草は2cmのざく切りにしてゆでる。
2. フライパンを熱し、油でベーコン、玉ねぎを炒める。
3. A、ほうれん草を加え、グラタンソースを作る。
4. グラタン皿に3を入れ、真ん中をへこませ、卵を割り入れる。
5. 粉チーズとパン粉を混ぜ4にかけ、オーブン（230℃）で焼く。

● 給食メモ ●
給食では完全に火を通しますが、ご家庭では、好みで半熟にしてもおいしいです。

とろ～りチーズがたまらん

ツナとチーズの卵焼き

材料

	1人分(g)	4人分
卵	40	3個
ツナ	16	60
玉ねぎ	24	100
プロセスチーズ	8	30
油	0.5	小さじ1/2
砂糖 A	1	小さじ1
酒	1	小さじ1
しょうゆ	1.4	小さじ1

作り方

1. 玉ねぎは薄切り、チーズは小さい角切りにする。
2. フライパンを熱し、油で玉ねぎ、ツナを炒める。
3. 卵にAとチーズを入れてよく混ぜ、2と合わせる。
4. 天板にシートをひき、3を流し入れ、オーブン(200℃)で焼き、切り分ける。

● 給食メモ
具を炒めずに作ると、玉ねぎの食感が感じられます。

エネルギー 149kcal　たんぱく質 10.1g　塩分 0.7g

卵・豆・豆製品

SUKIYAKI ☆ DAISUKI

すき焼き卵焼き

材料

	1人分(g)	4人分
卵	40	3個
豚肉(こま切れ)	15	60
酒	1	小さじ1
しらたき	8	30
にんじん	5	20
長ねぎ	10	40
豆腐	10	40
しょうゆ	2	大さじ1/2
油	1	小さじ1
みりん	1	小さじ2/3
砂糖 A	2	大さじ1
酒	1.5	小さじ1
塩	0.1	少々
だし汁	10cc	40cc

作り方

1. 豚肉は酒をふる。にんじんは細めの短冊切り、しらたきは下ゆでをして2cmに切る。豆腐は角切り、長ねぎは小口切りにする。
2. フライパンを熱し、油でにんじん、しらたき、豚肉を炒める。
3. Aを加え、豆腐、長ねぎを入れて具を作る。
4. 天板にシートをひき、3と溶き卵を流し入れる。
5. オーブン(200℃)で焼き、切り分ける。

● 給食メモ
豆腐が入ることで、固くならずにふんわりとした食感に仕上がります。

エネルギー 126kcal　たんぱく質 8.5g　塩分 0.6g

大根のおいしい季節に

厚揚げと大根のオイスターソース煮

材料

	1人分(g)	4人分
豚肉(こま切れ)	24	100
酒	1	小さじ1
厚揚げ	36	145
大根	54	220
うずら卵水煮	24	100
にんじん	15	60
チンゲン菜	15	60
にんにく(すりおろす)	0.4	小さじ1
しょうが(すりおろす)	0.4	小さじ1
乾燥きくらげ	0.6	2.4
油	1	小さじ1
オイスターソース ⎫	1.6	小さじ1
砂糖 ｜	1	小さじ1
みりん ｜A	1	小さじ1
塩 ｜	0.2	ひとつまみ
トウバンジャン ⎭	0.24	少々
しょうゆ	5	大さじ1
鶏がらスープ	80cc	320cc

エネルギー 175kcal　たんぱく質 12.5g　塩分 1.2g

作り方

1. 大根は厚めのいちょう切りにし、下ゆでをする。チンゲン菜は2cmのざく切りにし、下ゆでをする。きくらげは水で戻し、ざく切りにする。にんじんはいちょう切りにする。豚肉は酒をふる。厚揚げは食べやすい大きさに切る。
2. 鍋を熱し、油でにんにく、しょうが、豚肉を炒め、鶏がらスープを入れる。
3. 大根、にんじんを入れて中火でアクをとりながら煮る。
4. にんじんに火が通ったら、厚揚げ、きくらげ、A、うずら卵を入れて煮込む。
5. チンゲン菜を入れて、軽く煮込む。

熱々でも　冷めてもおいしい

揚げだし豆腐のおろしだれ

材料

	1人分(g)	4人分
木綿豆腐	70	1丁(300)
かたくり粉	10	大さじ4
揚げ油	適量	適量
大根	12	50
えのきたけ	6	25
長ねぎ	3.6	15
しょうゆ	2.8	小さじ2
うすくちしょうゆ	2	小さじ2
砂糖　　A	1.2	大さじ1/2
みりん	0.6	小さじ1/2
かつお節	0.36	小さじ1
水	8.5cc	大さじ2

作り方

1. 豆腐一丁は8等分に切り、キッチンペーパーを下に敷いて、5～10分くらい置き、水気を切る。
2. 大根はすりおろす。えのきたけは1cmのざく切り、長ねぎはみじん切りにする。
3. 1にかたくり粉をまぶし、160～170℃の油で揚げる。
4. 鍋に大根おろし、えのきたけ、長ねぎ、Aを入れ加熱する（電子レンジで加熱も可）。
5. 3に4のおろしだれをかける。

エネルギー 164kcal　たんぱく質 5.9g　塩分 0.7g

厚揚げのケチャップソース

材料

	1人分(g)	4人分
厚揚げ	40	160
しょうが（すりおろす）	0.4	1.5
にんにく（すりおろす）	0.25	1
長ねぎ	3	12
ごま油	0.6	小さじ1/2
トマトケチャップ	9	小さじ2
トウバンジャン	0.04	少々
砂糖　　A	1.3	小さじ1
しょうゆ	1.3	小さじ1
水	2.5cc	小さじ2

作り方

1. 厚揚げは食べやすい大きさに切る。長ねぎはみじん切りにする。
2. 厚揚げをフライパンなどで焼く。
3. 別のフライパンを熱し、ごま油でしょうが、にんにく、長ねぎを炒め、香りが出たらAを入れる。
4. 2に3のケチャップソースをかける。

エネルギー 79kcal　たんぱく質 4.5g　塩分 0.5g

卵・豆・豆製品

厚揚げだョ！全員集合！

厚揚げのトマトグラタン

材料

	1人分(g)	4人分
厚揚げ	60	240
油	0.5	小さじ1/2
にんにく(みじん切り)	0.2	小さじ1/4
しょうが(みじん切り)	0.2	小さじ1/4
玉ねぎ	12	50
ホールコーン	4	15
アスパラ菜	10	40
トマト水煮	7	30
トマトピューレ A	4	大さじ1
ケチャップ	4	大さじ1
中濃ソース	0.8	小さじ1/2
みそ	0.5	小さじ1/3
こしょう	0.01	少々
パン粉	2	大さじ2
ピザ用チーズ	7	大さじ4

作り方

1. 厚揚げは食べやすい大きさに切る。玉ねぎは薄切り、アスパラ菜は長さ1.5cmに切る。トマト水煮はあらみじん切りにする。
2. フライパンを熱し、油でにんにく、しょうがを炒め、香りが出たら、玉ねぎ、コーン、アスパラ菜を炒める。火が通ったらAを入れてさっと炒める。
3. 天板に厚揚げを並べ、2のソースとパン粉、チーズをのせ、オーブン(220～230℃)か魚焼きグリルで焼く。

● 給食メモ ●
アスパラ菜は、季節の青菜やブロッコリーでもOK。

エネルギー 143kcal　たんぱく質 9.0g　塩分 0.4g

厚揚げだョ！全員集合！

厚揚げと豚肉の塩こうじ炒め

材料

	1人分(g)	4人分
豚肉(こま切れ)	22	90
酒	0.6	小さじ1/2
しょうゆ	0.6	小さじ1/2
にんじん	12	50
キャベツ	36	150
厚揚げ	30	120
しょうが(みじん切り)	0.5	小さじ1/2
ごま油	1	小さじ1
塩こうじ	1.2	小さじ1
しょうゆ A	1.2	小さじ1
みりん	1	小さじ1/2
かたくり粉	0.6	小さじ1/2
水	1cc	小さじ1

作り方

1. にんじん、キャベツは短冊切り、厚揚げは厚さ1cmに切る。豚肉に酒、しょうゆをふる。
2. フライパンを熱し、ごま油でしょうがを炒め、香りが出たら、豚肉、にんじん、キャベツを入れて炒める。
3. 全体に火が通ったらAと厚揚げを入れてさらに炒める。
4. 水分がたくさん出るようなら、水溶きかたくり粉を回し入れ、全体にからめる。

● 給食メモ ●
発酵食品「塩こうじ」がうま味を出し、減塩でも満足するおいしさです。

エネルギー 114kcal　たんぱく質 8.4g　塩分 0.5g

厚揚げのお好みソース焼き

材料

	1人分(g)	4人分
厚揚げ	60	240
中濃ソース	5	小さじ3
ケチャップ	3	小さじ2と1/2
砂糖　A	0.3	小さじ1/3
水	3cc	12cc
マヨネーズ	3	大さじ1
青のり	0.1	小さじ1/2

作り方

1. 厚揚げを食べやすい大きさに切る。
2. Aを混ぜる。
3. 天板に厚揚げを並べて2をぬり、オーブン(220～230℃)か魚焼きグリルで焼く。
4. 青のりをふる。

エネルギー 121kcal　たんぱく質 6.4g　塩分 0.5g

厚揚げのみそチーズ焼き

材料

	1人分(g)	4人分
厚揚げ	62	250
長ねぎ	18	75
みそ	4	大さじ1
みりん	3	小さじ2
砂糖　A	1	小さじ1
白すりごま	2.8	小さじ4
ピザ用チーズ	8	大さじ4

作り方

1. 厚揚げは食べやすい大きさに切る。長ねぎは斜め切りにする。
2. Aと長ねぎを混ぜる。
3. 天板に厚揚げを並べ、2とチーズをのせ、オーブン(220～230℃)か魚焼きグリルで焼く。

● 給食メモ ●
夏には、みそだれにトマトを追加してもおいしいです。

エネルギー 162kcal　たんぱく質 9.8g　塩分 0.7g

まるで、ポテトサラダ

おからサラダ

材料

	1人分(g)	4人分
おから	18	70
きゅうり	12	50
キャベツ	18	70
玉ねぎ	8	30
ツナ	6	25
塩	0.2	1
こしょう　A	0.01	少々
マヨネーズ	10	40

作り方

1. きゅうりは1/2斜め切り、キャベツは細切り、玉ねぎは薄切りにする。
2. おからはフライパンでから炒りし、冷ます(耐熱皿に広げてラップをした後、電子レンジで加熱して冷ましてもよい)。
3. 野菜をゆでて水にさらし水気を切る。
4. 2、3、ツナをAであえる。

エネルギー 108kcal　たんぱく質 2.9g　塩分 0.5g

卵・豆・豆製品

華麗に変身

カレーおから

材料

		1人分(g)	4人分
おから		24	100
鶏ひき肉		10	40
酒		1	小さじ1
長ねぎ		10	40
カレー粉		0.12	小さじ1/4
にんじん		6	20
ホールコーン		10	40
ピーマン		3.6	20
油		1.2	小さじ1
豆乳		18	70
コンソメ		0.36	小さじ1/2
しょうゆ	A	3.6	小さじ2
砂糖		1.8	小さじ2
塩		0.06	少々

作り方

1. 長ねぎ、にんじん、ピーマンはあらみじん切りにする。鶏ひき肉は酒をふる。
2. フライパンを熱し、油で長ねぎ、ひき肉、カレー粉、にんじん、ピーマン、コーンを炒める。
3. おからを入れて炒め、Aを入れて適度にしっとりするまで加熱する。

エネルギー 88kcal　たんぱく質 4.6g　塩分 0.7g

ケチャップで炒めてみた

洋風おから

材料

		1人分(g)	4人分
おから		18	70
鶏ひき肉		10	40
にんじん		6	25
玉ねぎ		18	70
ホールコーン		6	25
むき枝豆		3	12
油		0.6	小さじ1/2
酒		0.5	小さじ1/2
コンソメ		0.36	1.5
トマトケチャップ	A	6	大さじ1と1/2
中濃ソース		1.8	小さじ1

作り方

1. にんじんは千切り、玉ねぎはあらみじん切りにする。枝豆は下ゆでする。
2. フライパンを熱し、油でひき肉、酒を入れて炒める。
3. にんじん、玉ねぎを入れて炒め、火が通ったらおからを入れて炒める。
4. コーン、Aを入れて炒め、枝豆を入れる。

エネルギー 72kcal　たんぱく質 3.7g　塩分 0.4g

おからと豆乳、感動の再会

おからのごま豆乳煮

材料

	1人分(g)	4人分
おから	15	60
鶏ひき肉	10	40
油	1.3	小さじ1
酒	1.3	小さじ1
干ししいたけ	0.4	2
ごぼう	6.5	25
にんじん	6.5	25
しらたき	10	40
さつま揚げ	6.5	25
豆乳	13	60
干ししいたけ戻し汁 (A)	8	大さじ2
みそ (A)	3	小さじ2
砂糖 (A)	2	大さじ1
塩 (A)	0.4	1
長ねぎ	7	25
白すりごま	2.5	大さじ1

作り方

1. しいたけは水で戻して薄切りにする。しらたきは下ゆでをして2cmに切る。にんじんは細切り、ごぼうは1/2斜め切り、長ねぎは小口切り、さつま揚げは短冊切りにする。
2. フライパンを熱し、油でひき肉、酒を入れて炒める。
3. しいたけ、ごぼう、にんじん、しらたき、さつま揚げを炒め、Aを入れる。
4. おから、豆乳を入れて、焦がさないように煮る。
5. 長ねぎ、すりごまを入れる。

● 給食メモ ●
野菜から出る水分が少ないときは、少量の水を加えてください。

エネルギー 105kcal　たんぱく質 5.3g　塩分 0.8g

卵・豆・豆製品

えっ、おからが入っているの?

おからコロッケ

材料

	1人分(g)	4人分
おから	12	50
じゃがいも	24	100
鶏ひき肉	10	40
玉ねぎ	7	30
砂糖 (A)	1	小さじ1
しょうゆ (A)	2	小さじ1と1/2
こしょう (A)	0.02	少々
油	0.6	小さじ1/2
小麦粉	8.4	大さじ4
水	3.6cc	大さじ1
パン粉	8.4	35
揚げ油	適量	適量

作り方

1. じゃがいもはゆでて熱いうちにつぶす。玉ねぎはあらみじん切りにする。小麦粉と水を混ぜて、バッター液を作る。
2. フライパンを熱し、油で玉ねぎ、ひき肉を炒め、玉ねぎがしんなりしたら、おから、Aを入れて炒める。
3. つぶしたじゃがいもと2を合わせて人数分に分け、小判型に成形する。
4. 3にバッター液、パン粉の順につけ、170～180℃の油で揚げる。

エネルギー 193kcal　たんぱく質 4.6g　塩分 0.4g

大事な大豆

しょっぱい のが好き

いちずな気分

チーズ豆

いそがず食べたい気分

磯香豆

甘いのが好き

くろうはしたくない気分 — 黒糖豆

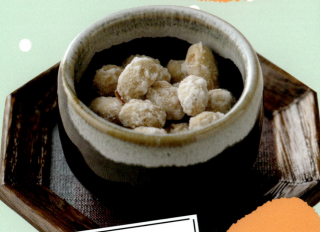
げんじつ逃避したい気分 — 源氏豆

アレやコレをごまかしたい気分 — ごま豆

好きなこと食べたい気分 — きなこ豆

親こうこう！あいたい気分 — ココア豆

大事な大豆レシピ

源氏豆

材料（4人分）

	1人分(g)	4人分
いり大豆	10	40
砂糖	6	大さじ3
水	2cc	小さじ2

※ 給食メモ ※
砂糖水は130℃までしっかり加熱するとうまくできます！（ベテラン調理員さんより）

作り方

1. 鍋に水と砂糖を入れ、中火で加熱する。泡が大きくなってきたら弱火にし、泡が細かくなり、とろみがついてきたらいり大豆を入れてしゃもじやへらなどで混ぜる。
2. 砂糖液が大豆とよく混ざり、つやつやしてきたら火を止める。ぱらぱらになるまでかき混ぜる。

1、2までは他の豆も共通の作り方です。
3以降はそれぞれの豆の作り方をご覧ください。
（源氏豆はこれで完成です）

エネルギー66kcal　たんぱく質3.8g　塩分0g

黒糖豆

材料（4人分）

	1人分(g)	4人分
いり大豆	10	40
黒砂糖	6	大さじ3
水	2cc	小さじ2
食塩	0.04	少々

作り方

1、2は源氏豆の作り方と共通

エネルギー64kcal　たんぱく質3.9g　塩分0g

ごま豆

材料（4人分）

	1人分(g)	4人分
いり大豆	10	40
砂糖	6	大さじ3
水	2cc	小さじ2
黒すりごま	1.8	大さじ1

作り方

1、2は源氏豆の作り方と共通

3. 粗熱がとれたら黒すりごまをまぶす。

エネルギー77kcal　たんぱく質4.2g　塩分0g

きなこ豆

材料（4人分）

	1人分(g)	4人分
いり大豆	10	40
砂糖	6	大さじ3
水	2cc	小さじ2
きなこ	1	4
食塩	0.02	少々

作り方

1、2は源氏豆の作り方と共通

3. きなこ、塩を混ぜ合わせる。
4. 粗熱がとれた3のきなこを振り入れてよく混ぜる。

エネルギー75kcal　たんぱく質4.2g　塩分0g

ココア豆

※ 給食メモ ※
乳アレルギーの心配がなければ、スキムミルクをプラスするのもおすすめです。純ココアでなくミルクココアでもOK。

材料（4人分）

	1人分(g)	4人分
いり大豆	10	40
砂糖	6	大さじ3
水	2cc	小さじ2
純ココア	1	4

作り方

1、2は源氏豆の作り方と共通

3. 粗熱がとれたら純ココアを振り入れてよく混ぜる。

エネルギー70kcal　たんぱく質4.0g　塩分0g

磯香豆

材料（4人分）

	1人分(g)	4人分
いり大豆	10	40
砂糖	6	大さじ3
水	2cc	小さじ2
青のり	0.06	小さじ1/4

作り方

1、2は源氏豆の作り方と共通

3. 粗熱がとれたら青のりを振り入れてよく混ぜる。

エネルギー66kcal　たんぱく質3.8g　塩分0g

チーズ豆

材料（4人分）

	1人分(g)	4人分
いり大豆	10	40
砂糖	6	大さじ3
水	2cc	小さじ2
粉チーズ	2	大さじ1

作り方

1、2は源氏豆の作り方と共通

3. 粗熱がとれたら粉チーズをまぶす。

エネルギー75kcal　たんぱく質4.7g　塩分0.1g

おしる

栄養教諭に聞いてみた！
給食こぼれ話

和食のおいしさは、やっぱりだしが命！食材によって、かつお節、昆布、煮干しなど、こだわって使い分けています！本格的なんですよ！

「給食がおいしくて、疲れた時でも頑張れます」と言ってくれた先生が。給食が職員の労働意欲を高めちゃいます！

大雪で次の日の休校が決まった時、「先生、明日の給食はどうなるんですか？」と聞かれました。雪より給食の心配をする子どもたちでした。

汁ものはやっぱりアツアツがおいしい！味見をする度に「今すぐ子どもたちに食べさせてあげたい～！」と思います。

麩がうま味を吸い込んだ

塩ちゃんこ麩スープ

材料

	1人分(g)	4人分
キャベツ	30	120
にんじん	10	40
ニラ	5	20
えのきたけ	8	30
長ねぎ	8	30
鶏肉(こま切れ)	10	40
車麩	3	12
にんにく(すりおろす)	0.4	小さじ1/2
しょうが(すりおろす)	0.4	小さじ1/2
しょうゆ ┐	1.7	小さじ1
塩 │A	0.3	小さじ1/4
コンソメ │	0.5	小さじ1/2
こしょう ┘	0.01	少々
だし汁	180cc	720cc

エネルギー 45kcal　たんぱく質 4.4g　塩分 1.0g

作り方

1. 車麩は水で戻し、8等分に切る。キャベツは短冊切り、にんじんはいちょう切り、えのきたけとニラは2cmのざく切りにする。長ねぎは小口切りにする。
2. 鍋にだし汁、にんじん、鶏肉、えのきたけを入れて、アクをとりながら煮る。
3. キャベツ、車麩を入れて煮る。
4. 材料に火が通ったら、A、にんにく、しょうが、ニラ、長ねぎを入れる。

和な「かぼちゃポタージュ」
かぼちゃのすり流し

材料

	1人分(g)	4人分
かぼちゃ 1	8	35
かぼちゃ 2	50	200
じゃがいも	27	105
ごぼう	10	40
玉ねぎ	18	70
打ち豆	3.6	15
みそ	7.5	30
だし汁	150cc	600cc
かたくり粉	1	小さじ1
水	3cc	大さじ1

作り方

1. かぼちゃ1とじゃがいもは1cmの角切り、玉ねぎは薄切りにする。ごぼうは半月斜め切りにして水にさらす。かぼちゃ2の皮をむき、ゆでて(電子レンジで加熱も可)、つぶしてペースト状にする。打ち豆は水で洗う。
2. 鍋にだし汁、玉ねぎ、ごぼうを入れてアクをとりながら煮る。
3. 打ち豆とじゃがいもを入れ、かぼちゃ1を入れる。
4. ペースト状にしたかぼちゃ2を3に入れてなじませ、水溶きかたくり粉、みそを入れる。

◉ 給食メモ ◉
「すり流し」という日本料理の名前もぜひ覚えてください。

エネルギー 115kcal　たんぱく質 4.1g　塩分 0.9g

おしる

発酵の力
塩こうじ汁

材料

	1人分(g)	4人分
鶏肉(こま切れ)	20	80
じゃがいも	30	120
にんじん	10	40
玉ねぎ	17	70
ごぼう	3	12
つきこんにゃく	15	60
豆腐	35	150
長ねぎ	6	25
大豆ペースト	6.5	25
塩こうじ　A	6	25
みそ	2	大さじ1/2
だし汁	150cc	600cc

作り方

1. じゃがいも、にんじんはいちょう切り、玉ねぎは短冊切りにする。ごぼうは半月斜め切りにして水にさらす。長ねぎは小口切りにする。つきこんにゃくは下ゆでする。豆腐は角切りにする。
2. 鍋にだし汁、にんじん、ごぼう、つきこんにゃく、鶏肉、玉ねぎ、じゃがいもを入れて煮る。
3. 野菜に火が通ったら豆腐とAを入れ、長ねぎを入れる。

◉ 給食メモ ◉
塩こうじは、メーカーによって塩分が異なります。味見をして加減しましょう。

エネルギー 134kcal　たんぱく質 7.9g　塩分 1.0g

大鍋でたっぷり作りたい
芋煮汁

材料

	1人分(g)	4人分
牛肉(こま切れ)	22	90
さといも	38	150
にんじん	14	55
つきこんにゃく	26	105
ごぼう	7	30
しめじ	6	25
長ねぎ	12	50
砂糖	2	大さじ1
みそ	2.5	10
しょうゆ（A）	3	大さじ1/2
塩	0.3	ひとつまみ
酒	1	小さじ1
みりん	1	小さじ1
だし汁	130cc	520cc

作り方

1. さといもとにんじんは厚めのいちょう切り、長ねぎは斜め切りする。しめじは小房に分ける。つきこんにゃくは下ゆでする。ごぼうは斜め切りにして水にさらす。
2. 鍋にだし汁、しめじ、にんじん、ごぼう、さといもを入れて中火で煮る。
3. 2が煮えたら牛肉、つきこんにゃくを入れてアクをとる。
4. Aを入れ、長ねぎを入れる。

● 給食メモ ●
汁のとろみが気になる場合は、皮をむいたさといもに、塩をふってもみ洗いするか、切ってから下ゆでするとよいです。

エネルギー 102kcal　たんぱく質 5.9g　塩分 1.3g

やさしい気持ちになりそう
ふわふわ卵スープ

材料

	1人分(g)	4人分
にんじん	10	40
玉ねぎ	15	60
キャベツ	25	100
ベーコン	4	20
パセリ	0.8	3
コンソメ	1	小さじ1
しょうゆ（A）	0.5	小さじ1/2
塩	0.1	少々
こしょう	0.02	少々
卵	20	80
粉チーズ（B）	1.5	大さじ1
牛乳	1.5	小さじ1
パン粉	2	大さじ2
鶏がらスープ	150cc	600cc

作り方

1. 玉ねぎは短冊切り、キャベツはざく切り、にんじんはいちょう切りにする。ベーコンは短冊切り、パセリはみじん切りにする。
2. 鍋にスープ、にんじん、玉ねぎを入れて煮る。
3. にんじんが煮えたらベーコン、キャベツを入れる。
4. キャベツが煮えたら、Aを入れる。
5. Bをよく混ぜる。
6. 4がふつふつとしたら5を少しずつ回し入れる。
7. パセリを入れる。

● 給食メモ ●
卵液にパン粉が入るとふわふわの仕上がりになります。

エネルギー 90kcal　たんぱく質 5.3g　塩分 0.8g

ゆっくり煮込んで甘みたっぷり

新玉トロトロスープ

材料

	1人分(g)	4人分
新玉ねぎ	60	240
ベーコン	6	25
にんにく(みじん切り)	1	4
パセリ	0.8	3
オリーブ油	0.8	小さじ1
コンソメ	1.5	小さじ1
塩	0.4	2
こしょう	0.03	少々
水	180cc	720cc

作り方

1. 玉ねぎは大きめのくし切り、ベーコンは短冊切り、パセリはみじん切りにする。
2. 鍋を熱し、オリーブ油で、にんにく、ベーコンを炒める。
3. 玉ねぎを入れて透き通るまで炒め、水と調味料を入れて弱火でゆっくり煮る。
4. パセリを入れる。

●給食メモ
弱火でゆっくり煮込むことで、新玉ねぎがトロッと仕上がります。

エネルギー 56kcal　たんぱく質 1.6g　塩分 1.0g

米粉であっさり仕上げ

白菜のクリーム煮

材料

	1人分(g)	4人分
鶏肉(こま切れ)	15	60
じゃがいも	36	150
玉ねぎ	30	120
にんじん	15	60
白菜	36	150
ホールコーン	10	40
しめじ	7	30
有塩バター	1.2	小さじ1
塩	0.2	1
こしょう	0.02	少々
牛乳	50	200
米粉	6	大さじ2と1/2
生クリーム	2.4	小さじ2
鶏がらスープ	50cc	200cc

作り方

1. じゃがいも、にんじんはいちょう切り、玉ねぎはくし切りにする。白菜はざく切り、しめじは小房に分ける。
2. 鍋を熱し、バターで鶏肉、玉ねぎ、にんじん、しめじを炒める。
3. スープを入れ、じゃがいもを入れて煮る。
4. 火が通ったら、コーン、白菜と、調味料を入れる。
5. 米粉を牛乳で溶いて加え、ふつふつとしたら生クリームを入れる。

エネルギー 165kcal　たんぱく質 7.1g　塩分 0.9g

おしる

魚介のうま味がたっぷり

番屋汁

材料

	1人分(g)	4人分
鱈	30	120
いか	10	40
酒	4	大さじ1
大根	15	60
にんじん	8	30
ごぼう	6	25
長ねぎ	8	30
つきこんにゃく	12	50
油揚げ	5	20
酒かす	5	20
みそ　　A	8	32
大豆ペースト	7	28
だし汁	130cc	520cc

エネルギー 101kcal　たんぱく質 11.2g　塩分 1.2g

作り方

1. 鱈は角切り、いかは輪切りにする。熱湯をかけて霜降りにし、酒をふる。
2. 大根とにんじんはいちょう切り、長ねぎは小口切りにする。つきこんにゃくは下ゆでする。ごぼうは半月斜め切りにして水にさらす。油揚げは油抜きをして短冊切りにする。
3. 鍋にだし汁と大根、にんじん、ごぼう、つきこんにゃくを入れて煮る。
4. 大根が煮えたら、1を入れて、アクをとりながら煮る。
5. 油揚げ、Aを入れてひと煮立ちしたら、長ねぎを入れる。

給食メモ

魚介のうま味がたっぷりで、酒かすが体を温めてくれます。大豆ペーストで、呉汁のような仕上がりに。

Fly away

飛び魚のすり身スープ

材料

	1人分(g)	4人分
飛び魚のすり身	18	70
豆腐	30	120
乾燥わかめ	0.6	2
白菜	25	100
長ねぎ	12	50
しょうゆ	3.6	大さじ1
ごま油	0.4	小さじ1/2
鶏がらスープ	150cc	600cc

作り方

1. 豆腐は角切り、わかめは水で戻す。白菜は短冊切り、長ねぎは小口切りにする。
2. 鍋にスープと白菜を入れて煮る。
3. 白菜が煮えたら、水を付けたスプーンで飛び魚のすり身を2cmくらいに丸めて入れる。
4. すり身が浮いてきたら、豆腐、わかめを入れる。
5. しょうゆ、長ねぎとごま油を入れる。

エネルギー 51kcal　たんぱく質 5.2g　塩分 0.9g

ちょっと和風なポトフ

野菜たっぷり塩こうじスープ

材料

	1人分(g)	4人分
鶏肉(こま切れ)	20	80
さつまいも	30	120
にんじん	15	60
えのきたけ	10	40
玉ねぎ	40	160
ブロッコリー	25	100
ホールコーン	10	40
塩こうじ	4	20
しょうゆ A	0.8	小さじ1/2
塩	0.3	小さじ1/2
酒	1	小さじ1
だし汁	100cc	400cc

作り方

1. さつまいもとにんじんは厚めのいちょう切り、玉ねぎは短冊切り、えのきたけは3cmのざく切りにする。
2. ブロッコリーは小房に分けてさっとゆでる。
3. 鍋にだし汁、にんじん、玉ねぎ、えのきたけを入れて煮る。沸騰したら鶏肉、さつまいもを入れて中火で煮る。
4. さつまいもに火が通ったらコーンとAを入れて2のブロッコリーを入れる。

エネルギー 126kcal　たんぱく質 8.4g　塩分 0.7g

おしる

「ちゃんぽん」は、混ぜるという意味

豆乳ちゃんぽんスープ

材料

	1人分(g)	4人分
中華めん	22	1玉
豚肉(こま切れ)	5	20
油	1.2	小さじ1
しょうが(すりおろす)	0.4	2
にんじん	6	25
キャベツ	18	70
もやし	22	90
むきえび	11	40
なると	5	20
チンゲン菜	11	40
豆乳	30	120
しょうゆ	1	小さじ2/3
塩	0.3	少々
こしょう	0.03	少々
鶏がらスープ	115cc	460cc

作り方

1. 中華めんは食べやすい長さに切り、ゆでる。にんじん、キャベツは短冊切り、チンゲン菜はざく切りにする。えびは下ゆでし、なるとは斜め切りにする。
2. 鍋を熱し、油で、しょうが、豚肉、にんじんを炒める。
3. スープ、キャベツ、もやしを入れて煮る。
4. なると、えび、豆乳、調味料、中華めんを入れ、チンゲン菜を入れる。

● 給食メモ ●
長崎ちゃんぽん風のスープです。豆乳を入れた後は、沸騰させないように注意してください。

エネルギー 95kcal　たんぱく質 5.9g　塩分 0.8g

かぼちゃの甘みがポイント

かぼちゃの米粉クリームスープ

材料

	1人分(g)	4人分
かぼちゃ 1	24	100
鶏肉(こま切れ)	25	100
オリーブ油	1.2	小さじ1
塩	0.1	少々
こしょう	0.02	少々
玉ねぎ	35	140
にんじん	12	50
かぼちゃ 2	42	170
クリームコーン	12	50
パセリ	0.8	3
米粉	4.2	大さじ1と1/2
豆乳	30	120
コンソメ	1.8	小さじ2
塩	0.24	1
水	70cc	280cc

作り方

1. かぼちゃ1は皮をむき、ゆでて(電子レンジで加熱も可)、つぶしてペースト状にする。玉ねぎは薄切り、にんじんはいちょう切り、かぼちゃ2は2cmの角切り、パセリはみじん切りにする。
2. 鍋を熱し、オリーブ油で、鶏肉を炒め塩、こしょうをし、玉ねぎ、にんじんを入れて炒める。
3. 水を入れ、にんじんに火が通ったら、かぼちゃ2を入れる。
4. かぼちゃに火が通ったら、かぼちゃペースト、クリームコーン、調味料を入れる。
5. 米粉を豆乳で溶いて回し入れ、とろみがついたらパセリを入れる。

● 給食メモ ●
米粉を豆乳で溶いて入れると、ダマになりにくいです。

エネルギー 159kcal　たんぱく質 8.1g　塩分 1.1g

おいも

 栄養教諭に聞いてみた！
給食こぼれ話

私「こんなの作ってみたいんだけど…」
調理員「やってみます！」
子ども「今日の◯◯おいしかった！」と三拍子そろった時は、給食の仕事しててよかった！と思う瞬間です。

当日の食材を見ると、つい一食の単価を頭の中で計算してしまう。栄養教諭の職業病の一つ。

午後の作業中に洗浄機が故障！3000人分の食器を手洗いすることに…。作業が終わったのは、夜7時を過ぎていました。調理員さん本当にお疲れ様でした。

外食でおいしいものを食べると「給食でできそうだな。材料は、調味料は…」と探りを入れだす。続・栄養教諭の職業病の一つ。

煮物だけじゃない！

さといもの和風グラタン

材料

	1人分(g)	4人分
鶏肉（こま切れ）	10	40
玉ねぎ	15	60
長ねぎ	10	40
さといも	30	120
水	20cc	80cc
マカロニ	5	20
有塩バター	2.8	大さじ1
米粉	5	大さじ2
豆乳	20	80
コンソメ　A	0.5	小さじ1/2
塩	0.1	少々
こしょう	0.02	少々
みそ	4	大さじ1
パン粉	3	大さじ3
粉チーズ　B	3	大さじ2
パセリ	1	4

エネルギー 132kcal　たんぱく質 6.8g　塩分 1.0g

作り方

1. 玉ねぎは薄切り、長ねぎは斜め切り、パセリはみじん切りにする。さといもはいちょう切りにし、塩（分量外）でもみ、ぬめりを洗い流す。マカロニはゆでる。
2. フライパンを熱し、バターで玉ねぎ、長ねぎを炒め、さといもと水を入れて煮る。
3. さといもに火が通ったらマカロニとAを入れてとろみがつくまで加熱する。
4. グラタン皿に3を入れ、混ぜたBをかけ、オーブン（220〜230℃）で焼く。

しっとり大人味
和風のりポテトサラダ

材料

	1人分(g)	4人分
じゃがいも	40	160
玉ねぎ	15	60
しめじ	10	40
葉ねぎ	5	20
ツナ	10	40
マヨネーズ	10	大さじ3と1/2
しょうゆ	1	小さじ1/2
きざみのり	0.5	2
白いりごま	1	大さじ1/2

作り方

1. じゃがいもは1.5cm角切り、玉ねぎはあらみじん切り、葉ねぎは小口切り、しめじは小房に分ける。
2. じゃがいもはゆでて熱いうちにつぶして冷ます。しめじ、玉ねぎ、葉ねぎはゆでて水にさらし、水気を切る。
3. 2にツナを合わせ、しょうゆ、ごま、マヨネーズを入れてあえ、きざみのりをざっくりあえる。

エネルギー 134kcal　たんぱく質 3.7g　塩分 0.4g

おいも

じゃが tokidoki さつま
Wポテトサラダ

材料

	1人分(g)	4人分
じゃがいも	20	90
さつまいも	16	70
キャベツ	30	140
きゅうり	8	30
ホールコーン	8	30
ツナ	4	20
マヨネーズ	9	大さじ3
塩　　A	0.12	ひとつまみ
こしょう	0.02	少々
酢	1	小さじ1

作り方

1. じゃがいもはいちょう切り、さつまいもは角切り、キャベツはざく切り、きゅうりは輪切りにする。
2. じゃがいもはゆでて、熱いうちに酢をまぶして冷ます。さつまいもはゆでて冷ます。キャベツときゅうりはゆでて水にさらし、水気を切る。
3. 2とコーン、ツナを合わせ、Aであえる。

エネルギー 116kcal　たんぱく質 2.1g　塩分 0.3g

惣菜革命

ひじき入れちゃいましたポテサラ

材料

		1人分(g)	4人分
干しひじき		0.8	大さじ1
しょうゆ	A	1	小さじ1
みりん		1	小さじ1
水		2.5cc	10cc
じゃがいも		50	200
にんじん		8	30
きゅうり		10	40
ツナ		7	30
マヨネーズ		8	大さじ3
塩	B	0.12	ひとつまみ
こしょう		0.02	少々
白いりごま		1.5	小さじ2

作り方

1. ひじきは水で戻す。じゃがいも、にんじん、きゅうりは1cmの角切りにする。
2. じゃがいもはゆでて冷ます。にんじん、きゅうりはゆでて水にさらし、水気を切る。ひじきはAでさっと煮て冷ます（電子レンジで加熱も可）。
3. 2とツナを合わせ、Bを入れてあえ、ごまをざっくりあえる。

● 給食メモ ●
じゃがいもはお好みでつぶしてもOK。

エネルギー 121kcal　たんぱく質 2.9g　塩分 0.5g

食べたくなったら やっちゃいな♪

ポテトサラダを食べチャイナ

材料

		1人分(g)	4人分
ロースハム		10	40
メンマ		10	40
油		0.4	小さじ1/2
紹興酒		0.4	小さじ1/2
じゃがいも		35	160
にんじん		7	30
キャベツ		25	100
きゅうり		5	20
ホールコーン		7	30
マヨネーズ		7.5	大さじ2
オイスターソース	A	2	大さじ1/2
こしょう		0.02	少々
白すりごま		1.1	大さじ1/2
酢		1	小さじ1

作り方

1. メンマはざく切りする。じゃがいもとにんじんはいちょう切り、キャベツはざく切り、きゅうりは輪切り、ハムは細切りにする。
2. じゃがいもはゆでて、熱いうちに軽くつぶし、酢をまぶして冷ます。にんじんとキャベツときゅうりはゆでて水にさらし、水気を切る。
3. フライパンを熱し、油でメンマ、ハムを炒め、紹興酒を入れてさらに炒めて冷ます。
4. 2と3、コーンを合わせ、Aであえる。

エネルギー 118kcal　たんぱく質 3.3g　塩分 0.5g

オシャレな仕上がり
さりいもサラダ

材料

	1人分(g)	4人分
さといも	25	100
ブロッコリー	25	100
ホールコーン	8	30
ロースハム	6	25
マヨネーズ	7	大さじ2
しょうゆ A	0.35	小さじ1/2
こしょう	0.01	少々

作り方

1. さといもは1.5cmの角切り、ブロッコリーは小房に分け、ハムは1cmの色紙切りにする。
2. さといも、ブロッコリー、ハムをゆでて冷ます。
3. 2とコーンを合わせ、Aであえる。

●給食メモ●
さりいもは聖籠町の特産品! 砂地で作る、もっちり食感のさといもです。

エネルギー 88kcal　たんぱく質 3.0g　塩分 0.4g

さといもの新しい世界
さといものとろとろ春巻き

材料

	1人分(g)	4人分
さといも	30	120
ベーコン	6	25
プロセスチーズ	6	25
マヨネーズ	9	大さじ3
黒こしょう	0.1	少々
春巻きの皮	1枚	4枚
小麦粉	少々	少々
水	少々	少々
揚げ油	適量	適量

作り方

1. さといもはいちょう切りにし、塩(分量外)でもみ、ぬめりを洗い流す。ベーコンは短冊切り、チーズは1cmの角切りにする。
2. さといもを蒸して(電子レンジで加熱も可)、半分程度つぶす。
3. 2とベーコン、チーズ、マヨネーズ、こしょうを合わせ、春巻きの皮で包み、巻き終わりに水溶き小麦粉をぬってとじる。
4. 170℃の油で揚げる。

エネルギー 184kcal　たんぱく質 4.0g　塩分 0.5g

抑えきれないこの香り
ガーリックポテト

材料

	1人分(g)	4人分
じゃがいも	55	220
にんにく(すりおろす)	0.4	小さじ1/2
オリーブ油	2	小さじ2
塩	0.2	ふたつまみ

作り方

1. じゃがいもは乱切りまたは厚めのいちょう切りにする。
2. じゃがいも、にんにく、オリーブ油、塩を混ぜて、天板に広げ、オーブンで180℃ 20〜30分焼く。

●給食メモ●
乾燥バジルをプラスしてもおいしいです。

エネルギー 51kcal　たんぱく質 1.0g　塩分 0.2g

おいも

ごまがたっぷり
さといものごまみそ煮

材料

	1人分(g)	4人分
豚肉(こま切れ)	15	60
さといも	40	190
大根	35	160
にんじん	12	50
ごぼう	6	30
しょうが(すりおろす)	0.25	小さじ1/2
つきこんにゃく	18	70
油	0.6	小さじ1/2
砂糖	1.6	大さじ1/2
みそ A	5.3	小さじ4
しょうゆ A	4.5	大さじ1
酒 A	0.6	小さじ1/2
みりん A	0.6	小さじ1/2
白いりごま	1.8	大さじ1
白すりごま	1.8	大さじ1
だし汁	80cc	320cc

作り方

1. さといも、大根、にんじんは厚めのいちょう切り、ごぼうは斜め切りにして水にさらす。つきこんにゃくは下ゆでする。
2. 鍋を熱し、油でしょうがを炒め、香りが出たら、ごぼう、にんじん、豚肉、大根、つきこんにゃく、さといもを炒める。
3. だし汁を入れてアクをとりながら煮る。
4. 食材に火が通ったらAを入れて軽く煮込み、いりごま、すりごまを入れる。

エネルギー 109kcal　たんぱく質 5.9g　塩分 1.4g

野菜の水分だけで煮るからうまし！
お皿に盛る肉じゃが

材料

	1人分(g)	4人分
じゃがいも	45	200
豚肉(こま切れ)	15	60
玉ねぎ	18	70
にんじん	7	30
しらたき	15	60
油	0.7	小さじ1
砂糖	1.8	大さじ1~2
しょうゆ	3.4	大さじ1~2

作り方

1. じゃがいもは厚めのいちょう切り、玉ねぎはくし切り、にんじんはいちょう切りにする。しらたきは下ゆでし3cmに切る。
2. 鍋を熱し、油で豚肉、玉ねぎ、にんじん、しらたきを炒める。
3. じゃがいもを入れて軽く炒め、砂糖としょうゆを入れてふたをして煮る。

● 給食メモ ●
食材の水分で十分に煮えますが心配なら水分を少し加えて煮てください。

エネルギー 78kcal　たんぱく質 4.4g　塩分 0.5g

おやさい

栄養教諭に聞いてみた！
給食こぼれ話

地場産物たっぷりの給食で、子どもたちは地域の良さを改めて感じ、郷土愛を深めています。地元生産者の皆さまに感謝！

給食では、野菜を最低でも3回は水で洗って使います。野菜を多く使う献立の日は「アライグマになった気分」と笑う調理員さん。まじリスペクト！

調理員さんの包丁技術は天下一品。太く立派な地場産大根を、あっという間に繊細な千切りにしていく様子にほれぼれします。

「今日の給食なんか赤いね〜」。物価高騰で給食費ピンチ！青菜が使えず、あえ物はもやしとにんじんばかりなり。おいしくできたから、許して〜。

全国学校給食甲子園優勝メニュー!!

アスパラ菜のごまこうじあえ

材料

	1人分(g)	4人分
アスパラ菜	24	110
キャベツ	24	110
にんじん	6	20
白すりごま	2.4	大さじ1
白いりごま	1.8	小さじ3
塩こうじ ┐	1.8	大さじ1/2
しょうゆ ├ A	1.2	小さじ1
みりん ┘	1	小さじ1

エネルギー 42kcal　たんぱく質 1.6g　塩分 0.4g

作り方

1. アスパラ菜は2cmのざく切り、にんじんは千切り、キャベツは1.5cm幅に切る。
2. 鍋にAを入れて加熱する(電子レンジで加熱も可)。
3. アスパラ菜、にんじん、キャベツをゆでて水にさらし、水気を切る。
4. 3をA、いりごまとすりごまであえる。

アスパラ菜は新潟の特産青菜!

寒い季節に甘〜くなるおいしい青菜だよ!

鰹は鎹（かすがい）
チーズ入りおひたし

材料

	1人分(g)	4人分
小松菜	12	50
キャベツ	36	145
にんじん	12	50
プロセスチーズ	6	25
かつお節	0.6	2.5
しょうゆ	2.4	大さじ1/2
みりん	1.2	小さじ1

作り方

1. 小松菜は2cmのざく切り、キャベツは2cmの角切り、にんじんは千切りにする。チーズは5mmくらいの角切りにする。
2. 鍋にしょうゆとみりんを合わせて加熱し、冷ます（電子レンジで加熱も可）。
3. 小松菜、キャベツ、にんじんをゆでて水にさらし、水気を切る。
4. 3とかつお節、チーズを2であえる。

エネルギー 40kcal　たんぱく質 2.9g　塩分 0.5g

おやさい

新潟の秋のいろどり
かきのもととアスパラ菜のポン酢あえ

材料

	1人分(g)	4人分
かきのもと（食用菊）	3.5	15
キャベツ	48	200
アスパラ菜	15	60
ゆず果汁	1.2	小さじ1
しょうゆ A	3	小さじ2
酢	1.2	小さじ1
砂糖	0.7	小さじ1

作り方

1. かきのもとは花びらを摘みとる。キャベツは短冊切り、アスパラ菜は2～3cmのざく切りにする。
2. 鍋にAを入れて加熱し、冷ます（電子レンジで加熱も可）。
3. 鍋に湯を沸かし酢（分量外）を少々入れ、かきのもと（花びら）をゆでて水にさらし、水気を切る。キャベツとアスパラ菜もゆでて水にさらし、水気を切る。
4. 3を2であえる。

エネルギー 18kcal　たんぱく質 1.1g　塩分 0.4g

さっぱり夏向け
もずくサラダ

材料

	1人分(g)	4人分
塩抜きもずく	12	50
糸かまぼこ	18	90
オクラ	12	50
キャベツ	12	50
にんじん	10	40
きゅうり	6	30
豆苗	6	30
砂糖	0.8	小さじ1
酢	1.2	小さじ1
しょうゆ A	1.2	小さじ1
塩	0.24	少々
ごま油	0.6	小さじ1
白いりごま	0.6	小さじ1

作り方

1. もずくは3～4cmに切り、ゆでて冷ます。
2. 糸かまぼこは細く裂く。オクラは小口切り、キャベツは短冊切り、にんじん、きゅうりは千切り、豆苗は3～4cmに切る。
3. 2をゆでて水にさらし、水気を切る。
4. 1、3を合わせてAであえ、ごまをふる。

エネルギー 45kcal　たんぱく質 3.3g　塩分 0.9g

濃厚バンバンジーソース
切り干し大根のバンバンジー

材料

	1人分(g)	4人分
鶏ささみ水煮（サラダチキン）	18	75
きゅうり	12	50
もやし	30	120
にんじん	6	25
切り干し大根	1.5	6
ホールコーン	6	25
しょうが（すりおろす）	0.4	小さじ1/3
長ねぎ	2.5	10
砂糖	1.2	大さじ1/2
酢	2.5	小さじ2
しょうゆ A	2.5	大さじ1/2
みりん	1.2	小さじ1
みそ	1.2	小さじ1/2
白ねりごま	3.6	大さじ1
塩	0.12	少々

作り方

1. 切り干し大根は水で戻しざく切りにする。きゅうりは半月斜め切り、にんじんは千切り、長ねぎはみじん切りにする。
2. 鍋にAを入れて、加熱し冷ます（電子レンジで加熱も可）。
3. 切り干し大根、きゅうり、にんじん、もやしをゆで、水にさらし、水気を切る。
4. 3とコーン、ほぐしたささみ水煮を2であえる。

エネルギー 101kcal　たんぱく質 6.9g　塩分 0.8g

白菜の大量消費に
白菜のカレー塩昆布あえ

材料

	1人分(g)	4人分
白菜	35	140
カレー粉	0.6	小さじ1
キャベツ	25	100
きゅうり	12	50
塩昆布	1	4
しょうゆ	1	小さじ1/2
塩	0.06	少々

作り方
1. 白菜とキャベツは短冊切り、きゅうりは半月斜め切りにする。
2. 白菜はゆでて水にさらし、水気を切ってカレー粉をまぶす。キャベツときゅうりはゆでて水にさらし水気を切る。
3. 2を合わせ、しょうゆ、塩昆布であえ、塩で味を調える。

エネルギー 17kcal　たんぱく質 1.1g　塩分 0.4g

彩りとおいしさ・五つ星！
五色あえ

材料

	1人分(g)	4人分
小松菜	25	100
にんじん	8	30
かまぼこ	10	40
ロースハム	7	30
ホールコーン	7	30
しょうゆ	2.3	大さじ1/2
油　　　A	0.6	小さじ1/2
酢	1.6	小さじ1
ごま油	0.5	小さじ1/2

作り方
1. 小松菜は3cmのざく切り、にんじんは細切りにする。かまぼこ、ハムは細切りにする。
2. 小松菜、にんじん、かまぼこ、ハムをゆでて水にさらし、水気を切る。
3. コーンと2をAであえる。

エネルギー 47kcal　たんぱく質 3.1g　塩分 0.7g

のりとたくあんが出会った
青菜ののりタクあえ

材料

	1人分(g)	4人分
小松菜	20	80
もやし	35	140
にんじん	6.5	25
たくあん	8	30
きざみのり	0.8	3.5
マヨネーズ　A	8	大さじ2
しょうゆ	0.5	小さじ1/3

作り方
1. 小松菜は2cmのざく切り、にんじん、たくあんは千切りにする。
2. 小松菜、もやし、にんじんをゆでて水にさらし、水気を切る。
3. 2にたくあんを入れてAであえ、きざみのりを入れてざっくりあえる。

◆給食メモ◆
ほうれん草やチンゲン菜などでもおいしいです。季節の青菜でどうぞ。

エネルギー 73kcal　たんぱく質 1.2g　塩分 0.6g

おやさい

気分はアジアン食堂

ヤムウンセン

材料

	1人分(g)	4人分
緑豆春雨	4	16
キャベツ	15	60
きゅうり	8	30
にんじん	4	16
玉ねぎ	5	20
むきえび	7	30
にんにく(すりおろす)	0.3	少々
鶏がらだし(顆粒) A	0.5	2
しょうゆ	1.8	大さじ1/2
水	5cc	20cc
ごま油	0.6	小さじ1
ナンプラー	1.2	小さじ1
レモン汁	0.8	小さじ1

作り方

1. 春雨はゆでて水にさらし、食べやすい長さに切る。
2. キャベツは短冊切り、きゅうり、にんじんは千切りにする。玉ねぎは薄切りにする。
3. 2をゆでて水にさらし、水気を切る。
4. むきえびはゆでて冷ます。
5. 鍋にAを入れて加熱し(電子レンジで加熱も可)、冷ます。
6. 5とごま油、ナンプラー、レモン汁をよく混ぜる。
7. 1、3、4を6であえる。

● 給食メモ ●
「青じそDEガパオライス」(p.15)と相性抜群です。

エネルギー 36kcal　たんぱく質 1.5g　塩分 0.8g

お肉のチカラで
大盛りやさいもパックパク！

大盛！焼き肉サラダ

材料

	1人分(g)	4人分
豚肉(こま切れ)	25	100
みそ	2.5	小さじ2
酒 B	0.6	小さじ1/2
砂糖	0.4	小さじ1/2
しょうが(すりおろす)	0.3	小さじ1/3
にんにく(すりおろす)	0.3	小さじ1/3
ごま油	1	小さじ1
キャベツ	25	100
にんじん	6	25
きゅうり	20	75
玉ねぎ	4	15
砂糖	0.5	小さじ2/3
酢	1.5	小さじ1
しょうゆ A	1.5	小さじ1
油	2	小さじ2
白いりごま	0.6	小さじ1

作り方

1. キャベツは2cmの角切り、にんじんは短冊切り、きゅうりは半月斜め切りにする。
2. 玉ねぎはすりおろし、鍋に入れAと加熱し、冷ます(電子レンジで加熱も可)。
3. フライパンを熱し、ごま油でにんにく、しょうが、豚肉を入れて炒め、Bで味付けして冷ます。
4. キャベツ、にんじん、きゅうりをゆでて水にさらし、水気を切る。
5. 3と4を、2であえる。

● 給食メモ ●
きゅうりを少し厚切りにすると歯ごたえがあっておいしいです。

エネルギー 93kcal　たんぱく質 5.7g　塩分 0.5g

食物せんいたっぷり！

かんぴょうサラダ

材料

	1人分(g)	4人分
かんぴょう	4	15
キャベツ	20	80
きゅうり	15	60
にんじん	5	20
ロースハム	7	30
しょうが（すりおろす） A	0.3	1
砂糖	0.2	1
しょうゆ	3.2	小さじ2
ごま油	1	小さじ1
酢	1.8	大さじ1/2

作り方

1. かんぴょうは水で戻して2cmに切る。キャベツ、きゅうり、にんじんは千切りにする。ハムは細切りにする。
2. 鍋にAを入れ加熱し、冷めたらごま油と酢を合わせてドレッシングを作る。
3. かんぴょう、キャベツ、きゅうり、にんじん、ハムをゆでて水にさらし、水気を切る。
4. 3と2をあえる。

エネルギー 46kcal　たんぱく質 2.3g　塩分 0.7g

エネルギー 56kcal　たんぱく質 2.7g　塩分 0.5g

あのサラダにリスペクトをこめて

トマトドレッシングの元気サラダ

材料

	1人分(g)	4人分
キャベツ	35	140
きゅうり	10	40
にんじん	5	20
ホールコーン	8	32
ロースハム	8	32
塩昆布	1	大さじ1
かつお節	0.7	3
トマト水煮(缶)	8	30
酢	1.8	小さじ1と1/2
砂糖	0.6	小さじ1/2
油　A	1.8	小さじ2
しょうゆ	0.8	小さじ1/2
塩	0.1	少々
こしょう	0.02	少々

作り方

1. キャベツはざく切り、きゅうりは輪切り、にんじんは千切り、ハムは細切りにする。
2. トマトはあらみじん切りにし、Aと混ぜてトマトドレッシングを作る。
3. キャベツ、きゅうり、にんじん、ハムをゆでて水にさらし、水気を切る。
4. 3とコーン、塩昆布、かつお節を2であえる。

給食メモ
トマト水煮の代わりに完熟トマトを使ってもおいしいです。

おやさい

ひきわりでも、粒でも！
青菜の納豆あえ

材料

	1人分(g)	4人分
ひきわり納豆	20	80
キャベツ	25	120
ほうれん草	12	50
にんじん	6	20
きゅうり	8	30
しょうゆ A	3	大さじ2
砂糖	0.5	小さじ1/2
きざみのり	0.6	2.5

作り方
1. ほうれん草は2cmのざく切り、キャベツは短冊切り、にんじんは千切り、きゅうりは半月切りにする。
2. ほうれん草、キャベツ、にんじん、きゅうりをゆでて水にさらし、水気を切る。
3. 2、納豆をAであえ、きざみのりを入れてざっくりあえる。

エネルギー 52kcal　たんぱく質 4.4g　塩分 0.4g

たくあんのうま味がポイント
たくあんのカレマヨサラダ

材料

	1人分(g)	4人分
キャベツ	12	50
きゅうり	10	40
にんじん	6	30
緑豆春雨	6	24
たくあん	10	40
マヨネーズ	6	大さじ2
しょうゆ A	0.6	小さじ1/2
カレー粉	0.24	少々

作り方
1. たくあんは千切りにする。
2. 春雨はゆでて水にさらし、食べやすい長さに切る。
3. キャベツ、きゅうり、にんじんは細切りにする。
4. 3をゆでて水にさらし、水気を切る。
5. すべての材料をAであえる。

エネルギー 86kcal　たんぱく質 0.5g　塩分 0.5g

湯沢町の郷土料理
からしなます

材料

	1人分(g)	4人分
切り干し大根	8	32
油揚げ	3	12
乾燥きくらげ	0.6	2.4
きゅうり	10	40
にんじん	5	20
白すりごま	1	大さじ1/2
砂糖	1.2	大さじ1/2
うすくちしょうゆ	3	小さじ2
酢 A	2	小さじ2
練りからし	0.2	少々

作り方
1. 油揚げは油抜きして、短冊切りにし、ゆでて水気を切り、冷ます。
2. 切り干し大根は水で戻してざく切り、きくらげは水で戻して千切りにする。きゅうりは輪切り、にんじんは千切りにする。
3. 2をゆでて水にさらし、水気を切る。
4. 1と3をA、ごまであえる。

エネルギー 56kcal　たんぱく質 2.0g　塩分 0.5g

色とおいしさのインパクト大!
黒豆のブラックサラダ

材料

	1人分(g)	4人分
黒豆(乾燥)	15	60
干しひじき	1.5	6
玉ねぎ	12	50
ツナ	12	50
しょうゆ	2	大さじ1/2
オリーブ油	2	小さじ2
塩 (A)	0.1	ひとつまみ
こしょう	0.01	少々
マヨネーズ	6	大さじ2

作り方

1. 黒豆は一晩水に漬けて戻す。ひじきは水につけて戻す。玉ねぎは薄切りにする。
2. 黒豆は一度ゆでこぼし、再度ゆでて水で冷やし、水気を切る。
3. ひじき、玉ねぎをゆでて水にさらし、水気を切る。
4. 2、3とツナをAであえる。

エネルギー 155kcal　たんぱく質 7.8g　塩分 0.7g

エネルギー 36kcal　たんぱく質 1.0g　塩分 0.5g

滞りなく流れろ
新玉ねぎの血液サラサラサラダ

材料

	1人分(g)	4人分
新玉ねぎ	38	160
キャベツ	15	70
きゅうり	15	60
ホールコーン	5	20
酢	1	小さじ1
ドレッシング(市販) (A)	5	20
塩	0.2	ふたつまみ
こしょう	0.01	少々

作り方

1. 玉ねぎは薄切り、キャベツときゅうりは短冊切りにする。
2. 玉ねぎ、キャベツ、きゅうりをさっとゆでて水にさらし、水気を切る。
3. 2とコーンを合わせ、Aであえる。

おやさい

冷凍ブロッコリーでもおいしい!
ブロッコリーの和風サラダ

材料

	1人分(g)	4人分
ベーコン	8	35
ブロッコリー	30	120
キャベツ	30	120
にんじん	6	25
油	0.8	小さじ1
しょうゆ (A)	2	大さじ1/2
塩	0.12	ひとつまみ
酢	2.8	大さじ1
白いりごま	0.7	小さじ1
きざみのり	1	4

作り方

1. ブロッコリーは小房に分ける。キャベツは短冊切り、にんじんは千切りにする。ベーコンは細切りにする。
2. ベーコンを炒めて冷ます。
3. 野菜をゆでて水にさらし、水気を切る。
4. 2と3を合わせ、Aであえ、きざみのり、ごまを入れてざっくりとあえる。

エネルギー 70kcal　たんぱく質 3.8g　塩分 0.6g

エネルギー 43kcal　たんぱく質 2.7g　塩分 0.6g

昔からのド定番

しょうゆフレンチ

材料

	1人分(g)	4人分
ほうれん草	25	100
もやし	35	140
ロースハム	8	35
オリーブ油 (A)	1.5	小さじ1
しょうゆ (A)	2.5	小さじ2
酢 (A)	1.5	小さじ1
みりん (A)	0.6	小さじ1/2
こしょう (A)	0.01	少々

作り方

1. ほうれん草は2cmのざく切り、ハムは細切りにする。
2. ほうれん草、もやし、ハムをゆでて水にさらし、水気を切る。
3. 2をAであえる。

エネルギー 56kcal　たんぱく質 1.8g　塩分 0.6g

その名のとおり

本当にもやしだけのナムル

材料

	1人分(g)	4人分
もやし	80	320
白いりごま	0.6	小さじ1
砂糖 (A)	2.4	大さじ1
しょうゆ (A)	4	大さじ1
にんにく（すりおろす）(A)	0.3	1
中華だし（顆粒）(A)	0.3	1
トウバンジャン (A)	0.2	1
ごま油	3.2	大さじ1
酢	3	大さじ3/4

作り方

1. 鍋にAを入れ加熱し、冷めたらごま油と酢を合わせてドレッシングを作る。
2. もやしをゆでて水にさらし、水気を切る。
3. 1とごまを混ぜ、2とあえる。

エネルギー 89kcal　たんぱく質 1.4g　塩分 0.3g

パクパク食べちゃう

こごみのごまネーズ

材料

	1人分(g)	4人分
こごみ	10	40
小松菜	12	50
キャベツ	30	120
にんじん	4	15
マヨネーズ (A)	10	大さじ3
白すりごま (A)	1.5	小さじ2
しょうゆ (A)	1	小さじ2/3

作り方

1. こごみ、小松菜はざく切り、キャベツとにんじんは細切りにする。
2. 1をゆでて水にさらし、水気を切る。
3. 2をAであえる。

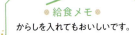

● 給食メモ ●
からしを入れてもおいしいです。

エネルギー 27kcal　たんぱく質 1.2g　塩分 0.6g

今も現役

わかめとみかんの酢の物

材料

	1人分(g)	4人分
もやし	40	160
きゅうり	12	50
乾燥わかめ	1.2	5
みかん(缶)	15	60
酢 (A)	3	大さじ1
しょうゆ (A)	1.2	小さじ1
砂糖 (A)	1.5	小さじ2
塩 (A)	0.12	ひとつまみ

作り方

1. わかめは水で戻し、きゅうりは輪切り、みかんはザルにあけて水気を切る。
2. わかめ、きゅうり、もやしをゆでて、水にさらし、水気を切る。
3. Aとすべての材料をあえる。

加熱でおわり

栄養教諭に聞いてみた！
給食こぼれ話

この料理はトングがいいか、お玉がいいか、はたまた使い捨て手袋か…。明日の盛り付け器具は何が最適なのか!? 白熱する給食首脳会議（献立の打ち合わせ）。

家では苦手な食べ物も、給食だと残さず食べられるのなんでだろう〜？

「子どもたちはこっちの切り方がいいかな、その方が食べやすいよね〜」。いつも子どもたちのことを一番に考えて打ち合わせをする調理員さん！すてきです！

給食の準備中、子どもが「先生！これおいしいね！」「匂いでおいしいって分かるもん！」。食べる前からウキウキな様子に、ほんわかする時間なのでした。

アスパラにくびったけ

ペンネとアスパラのトマトソテー

材料

	1人分(g)	4人分
ペンネ	8	30
アスパラガス	6	30
しめじ	10	40
玉ねぎ	28	120
にんじん	7	30
にんにく（みじん切り）	0.4	小さじ1/2
豚ひき肉	15	60
油	0.4	小さじ1/2
ケチャップ (A)	7.5	大さじ2
トマト缶詰 (A)	7	30
塩 (A)	0.2	ふたつまみ
コンソメ (A)	0.3	小さじ1/3
こしょう (A)	0.02	少々
中濃ソース (A)	0.7	小さじ1/2
粉チーズ	1.8	大さじ1
パセリ	1	4

エネルギー 100kcal　たんぱく質 5.5g　塩分 0.6g

作り方

1. ペンネはゆでる。玉ねぎは薄切り、にんじんは短冊切り、アスパラガスは斜め切り、しめじは小房に分ける。パセリはみじん切りにする。
2. フライパンを熱し、油でにんにくを炒め、香りが出たら豚ひき肉、玉ねぎ、しめじ、にんじん、アスパラガスの順に入れて炒める。
3. 全体に火が通ったら、Aとゆでたペンネを入れて炒め、パセリと粉チーズを入れる。

●給食メモ●
アスパラガスは下ゆでしないで使うのがポイント！

きのこ絶好調
豆乳ツナクリームパスタ

材料

	1人分(g)	4人分
スパゲティ	8	30
油	0.4	小さじ1/2
にんにく(みじん切り)	0.3	小さじ1/2
しめじ	10	40
玉ねぎ	36	150
にんじん	10	40
ツナ	18	70
豆乳	36	140
コンソメ A	0.5	小さじ1
塩	0.2	ひとつまみ
こしょう	0.02	少々
白ワイン	0.6	小さじ1/2
コーンスターチ	1	小さじ1

作り方

1. スパゲティは固めにゆでる。玉ねぎは薄切り、にんじんは短冊切り、しめじは小房に分ける。
2. フライパンを熱し、油でにんにくを炒め、香りが出てきたら玉ねぎ、しめじ、にんじんの順に入れて炒める。
3. 全体に火が通ったら、ツナ、ゆでたスパゲティ、Aを入れ、フライパンのふちがふつふつとし、とろみがつくまで炒める。

エネルギー 129kcal　たんぱく質 6.3g　塩分 0.7g

加熱でおわり

ランチ界の名バイプレイヤー
ちょこっとナポリタン

材料

	1人分(g)	4人分
スパゲティ	8.4	35
ベーコン	6	24
玉ねぎ	18	75
にんじん	12	50
キャベツ	18	75
ピーマン	6	25
マッシュルーム缶	6	25
ホールコーン	3.6	15
にんにく(みじん切り)	0.12	小さじ1/8
油	1.8	小さじ2
ケチャップ	14.4	大さじ3
中濃ソース	1.2	小さじ1
砂糖 A	0.12	小さじ1/6
こしょう	0.02	少々
牛乳	0.6	小さじ1/2

作り方

1. 玉ねぎ、キャベツは短冊切り、にんじん、ピーマン、ベーコンは細切りにする。
2. ピーマンを下ゆでする。
3. スパゲティを半分に折り、ゆでる。
4. フライパンを熱し、油でにんにく、ベーコン、にんじん、玉ねぎ、キャベツ、マッシュルーム、コーンを入れて炒める。
5. Aを入れてよく加熱する。
6. 2と3を入れてさっと炒める。

● 給食メモ ●
少し強火にして炒めると、ケチャップのうま味と香ばしさが出ます。

エネルギー 105kcal　たんぱく質 3.0g　塩分 0.7g

新潟の家庭料理　in Summer

なすみそ

材料

	1人分(g)	4人分
なす	45	180
ピーマン	22	90
揚げ油	適量	適量
青じそ	1	4
酒 (A)	1.5	小さじ1
砂糖 (A)	1.3	小さじ2
みそ (A)	5.2	大さじ1

作り方

1. なすはいちょう切りにし、水にさらしてアクを抜く。青じそは千切り、ピーマンは1.5cmの角切りにする。
2. なす、ピーマンの水分をふきとり、素揚げにする。
3. 鍋にAを入れて加熱し、ふつふつとしたら青じそを入れる。
4. 3のみそたれに粘り気が出たら、2を入れてからめる。

エネルギー 81kcal　たんぱく質 1.4g　塩分 0.6g

エネルギー 69kcal　たんぱく質 4.2g　塩分 1.1g

佐渡・自慢の海藻「あらめ」

あらめの煮物

あらめ

材料

	1人分(g)	4人分
乾燥あらめ	5	20
打ち豆	3.8	15
つきこんにゃく	15	60
たけのこ(水煮)	6	20
さつま揚げ	14	50
絹さや	4	18
油	1.2	小さじ1
砂糖	1	小さじ1
しょうゆ (A)	3.5	大さじ1
みりん	1.2	小さじ1
水	15cc	大さじ4

作り方

1. あらめは水につけて戻してざく切りにし、ゆでて水にさらし、アク抜きをする(水は何度か取り替える)。打ち豆はさっと洗い、つきこんにゃくは下ゆでする。たけのこ、さつま揚げは短冊切り、絹さやは細切りにし、下ゆでする。
2. 鍋を熱し、油でつきこんにゃく、たけのこ、さつま揚げ、あらめ、打ち豆を炒める。
3. Aを入れて炒め、絹さやを入れる。

笹だんごの具になることも

あらめとひき肉の炒め物

材料

	1人分(g)	4人分
乾燥あらめ	2	8
鶏ひき肉	18	75
にんじん	8	35
油	0.8	小さじ1
砂糖	1.2	大さじ1/2
しょうゆ	1.8	小さじ1
酒	1	小さじ1
みりん	0.8	小さじ1/2
塩	0.08	少々

作り方

1. あらめを水につけて戻し、2cm長さに切る。にんじんは千切りにする。
2. フライパンを熱し、油で、鶏ひき肉、にんじん、あらめを炒め、調味料を入れる(焦げが心配なら水を少量入れてもよい)。

給食メモ
あらめは水で20～30分戻すと約5倍になります。

エネルギー 54kcal　たんぱく質 3.7g　塩分 0.5g

伝えたい!伝統食材
生ずいきの炒め煮

材料

	1人分(g)	4人分
生ずいき	20	80
にんじん	10	40
豚肉(細切り)	20	80
ぜんまい(水煮)	6	25
干ししいたけ	0.5	2
つきこんにゃく	15	60
油	1	小さじ1
砂糖	0.5	小さじ1
しょうゆ A	3	大さじ1
みりん	1.5	小さじ1
酒	1.5	小さじ1

作り方

1. 生ずいきの外皮をむき、2〜3cmに切る(アクがあるため指が黒くなるので、気になる場合はビニール手袋をする)。湯に酢(分量外)を少々入れてゆで、アク抜きをする。
2. にんじんは短冊切り、しいたけは水で戻して千切りにする。ぜんまいは3cmの長さに切る。つきこんにゃくは下ゆでする。
3. フライパンを熱し、油でにんじん、豚肉、ずいき、ぜんまい、しいたけ、つきこんにゃくの順に入れて炒め、Aを入れる。

生ずいき

エネルギー 72kcal　たんぱく質 4.3g　塩分 0.4g

加熱でおわり

子どもたちには逆に新鮮
豚肉と干しずいきの卵炒め

材料

	1人分(g)	4人分
豚肉(こま切れ)	15	60
酒	0.5	小さじ1/2
油	0.8	小さじ1
にんにく(みじん切り)	0.2	小さじ1/2
干しずいき	1.2	5
キャベツ	24	110
卵	15	L1(個)
砂糖	0.5	小さじ1/2
油	0.5	小さじ1/2
塩	0.25	ふたつまみ
こしょう A	0.02	少々
しょうゆ	1	小さじ1/2
ごま油	0.35	小さじ1/3

作り方

1. 干しずいきは水洗いしてさっと戻し、1.5cmくらいに切る(戻しすぎると食感が悪くなるので注意)。キャベツは短冊切りにし、さっとゆで、水気を軽くしぼる。豚肉に酒をふる。
2. 卵を割りほぐし、砂糖を混ぜる。フライパンを熱し、油をひき、ふんわり大きめの炒り卵を作り、一度取り出す。
3. フライパンを熱し、油でにんにく、豚肉、ずいきの順に炒めてA、キャベツを入れて炒め、2の炒り卵とごま油を入れる。

給食メモ
農家さんから、「干しずいきは、炒めるとおいしいよ」と教えていただきました。

エネルギー 74kcal　たんぱく質 5.4g　塩分 0.4g

とっておきのにんじん料理
むげんにんじん

材料

	1人分(g)	4人分
にんじん	42	170
ホールコーン	10	40
ツナ	17	70
油	0.8	小さじ1
白いりごま	1.7	小さじ2
塩　　　　A	0.05	少々
こしょう	0.01	少々
しょうゆ	2	大さじ1/2
ごま油	0.4	小さじ1/2

作り方

1. にんじんは千切りにする。
2. フライパンを熱し、油でにんじんを炒める。
3. にんじんがしんなりしたら、ツナ、コーン、Aを入れ、ごまとごま油を入れる。

エネルギー 91kcal　たんぱく質 4.1g　塩分 0.5g

これって切り干し?シンジラレナ〜イ!
切り干しナポリタン

材料

	1人分(g)	4人分
切り干し大根	4.8	20
にんじん	6	25
玉ねぎ	14.4	60
しめじ	8.4	35
ピーマン	6	25
ウインナー	12	50
有塩バター	1.2	5
ケチャップ	7.2	大さじ2
中濃ソース	1.2	小さじ1
コンソメ	0.3	小さじ1/2
砂糖	0.1	ひとつまみ
こしょう	0.01	少々
粉チーズ	0.6	小さじ1

作り方

1. 切り干し大根は水で戻し、ざく切りにする。にんじんは短冊切り、玉ねぎは薄切り、しめじは小房に分ける。ピーマンは細切り、ウインナーは輪切りにする。
2. フライパンを熱し、バターでウインナー、にんじん、玉ねぎ、しめじ、切り干し大根、ピーマンの順に炒め、調味料を入れて炒める。
3. 粉チーズを入れて、さっと炒める。

エネルギー 83kcal　たんぱく質 2.7g　塩分 0.7g

キムチ色に染まります

切り干し大根のキムチ炒め

材料

	1人分(g)	4人分
切り干し大根	6	25
豚肉（細切り）	10	40
玉ねぎ	30	120
ニラ	12	50
白菜キムチ	8	35
ごま油	0.8	小さじ1
しょうゆ	2.4	小さじ1と1/2
こしょう	0.02	少々

作り方

1. 切り干し大根は水で戻し、ざく切りにする。玉ねぎは薄切り、ニラは3cmに切り、白菜キムチは細切りにする。
2. フライパンを熱し、ごま油で豚肉、玉ねぎ、水気を切った切り干し大根、白菜キムチを炒める。
3. 調味料、ニラを入れて炒める。

エネルギー 61kcal　たんぱく質 3.4g　塩分 0.8g

小松菜をガッツリ味わうなら

小松菜のにんにく炒め

材料

	1人分(g)	4人分
小松菜	48	200
玉ねぎ	24	100
ちくわ	6	25
にんにく（薄切り）	0.6	4
酒	1.8	小さじ1と1/2
しょうゆ	2.4	小さじ1と1/2
ごま油	1.2	小さじ1と1/2

作り方

1. 小松菜は2cmのざく切り、玉ねぎは薄切り、ちくわは半月斜め切りにする。
2. フライパンを熱し、ごま油でにんにく、玉ねぎ、ちくわを炒め、軽く火が通ったら、酒、しょうゆ、小松菜を入れ、さっと炒める。

加熱でおわり

エネルギー 37kcal　たんぱく質 1.8g　塩分 0.4g

超簡単・なんちゃって煮物

かぼちゃのバターじょうゆ煮

材料

		1人分(g)	4人分
かぼちゃ		45	180
じゃがいも		27	110
にんにく（すりおろす）	A	0.12	小さじ1/8
砂糖	A	5	大さじ2
みりん	A	1	大さじ1/2
しょうゆ	A	2.7	小さじ2
有塩バター	A	1	小さじ1
水	A	5cc	小さじ4

作り方

1. かぼちゃとじゃがいもは1.5cmの角切りにする。
2. かぼちゃ、じゃがいもをそれぞれゆでる（電子レンジで加熱も可）。
3. 鍋にAを入れて加熱し、ふつふつしたら火を止める（電子レンジで加熱も可）。
4. かぼちゃとじゃがいもが熱いうちに3のたれを混ぜる。

エネルギー 81kcal　たんぱく質 1.5g　塩分 0.4g

気分は町中華

空心菜のうまうま炒め

材料

	1人分(g)	4人分
豚ひき肉	18	70
紹興酒	0.6	小さじ1/2
しょうゆ	0.6	小さじ1/2
むきえび	12	50
にんにく（みじん切り）	0.3	小さじ1/2
もやし	15	60
にんじん	8	30
空心菜	18	70
油	1	小さじ1
トウバンジャン	0.2	小さじ1/5
しょうゆ	2	大さじ1/2
塩　A	0.15	ひとつまみ
こしょう	0.02	少々
オイスターソース	0.7	小さじ1/2
緑豆春雨	1.8	10
ごま油	0.5	小さじ1/2

作り方

1. にんじんは短冊切り、空心菜は2〜3cmのざく切りにする。豚ひき肉に紹興酒としょうゆで下味をつける。むきえびはさっとゆでる。春雨は水でさっと洗う。
2. フライパンを熱し、油でにんにく、豚ひき肉、にんじん、もやし、えびの順に炒める。
3. 全体に火が通ったら、A、春雨、空心菜を入れてさらに炒め、ごま油を入れる。

🥢 給食メモ
春雨は戻さずに炒めることで調味料を吸っておいしく仕上がります。

エネルギー 76kcal　たんぱく質 6.3g　塩分 0.6g

あなたの知らないれんこん

マーボーれんこん

材料

	1人分(g)	4人分
豚ひき肉	5	20
塩	0.24	少々
こしょう	0.04	少々
干ししいたけ	1.2	5
たけのこ（水煮）	10	40
にんじん	12	50
玉ねぎ	24	100
れんこん	48	200
油	1.2	大さじ1/2
鶏がらだし（顆粒）	1.2	5
水	12cc	50cc
砂糖	2.4	大さじ1
しょうゆ	4.8	大さじ1
酢　A	1.2	小さじ1
トウバンジャン	0.2	少々
かたくり粉	2.4	大さじ1
水	少々	少々

作り方

1. しいたけは水で戻し、千切りにする。たけのこ、にんじんは短冊切り、玉ねぎは薄切り、れんこんは乱切りにする。
2. フライパンを熱し、油で豚ひき肉を炒め、塩、こしょうをふる。玉ねぎ、れんこん、たけのこ、にんじん、しいたけを炒める。
3. 水で溶いた鶏がらだしとAを入れて炒め、水溶きかたくり粉を回し入れる。

エネルギー 92kcal　たんぱく質 3.0g　塩分 1.0g

おやつ

栄養教諭に聞いてみた！ 給食こぼれ話

後片付けの際、給食台車に子どもたちから感謝のメッセージカードが。今日の苦労がスーッと消える。

給食初挑戦の手作りメニュー当日、緊張の朝。「家で何回も試作したので、任せといてください。バッチリです！」という担当の調理員さん。カッコイイ！

中学校の卒業式後、給食センターにおはがきが。「子どもが毎日の給食を楽しみにしていました。本当にありがとうございました。」と、保護者から感謝の言葉。職員一同、感激しました。

「やった〜！」。おかわりジャンケンの雄叫びが校内に響き渡ると「今日も熱戦が繰り広げられているね〜」と、職員室では和やかな話題になります。

懐かしいやさしい味

ミルクココア蒸しパン

材料

	1人分(g)	4人分
米粉	18	70
ベーキングパウダー	0.8	小さじ1
砂糖	6	大さじ2
油	4.8	小さじ5
牛乳	16	64
ピュアココア	0.3	小さじ1/2
紙カップ	1個	4個

エネルギー 141kcal　たんぱく質 1.7g　塩分 0.1g

作り方

1. 米粉、ベーキングパウダー、砂糖を混ぜる。
2. 1の粉類に牛乳、油を入れて混ぜる。
3. 2の生地を2つのボウルに分け、片方の生地にココアを入れて混ぜる。
4. カップにプレーン生地を流し、そこにココア生地を入れ、竹串などで模様をつくり、蒸気の上がった蒸し器で15分くらい蒸す。

給食メモ

蒸しパンは、生地がゆるめ（水分多め）で、弱火で蒸すと、仕上がりが割れにくいです。パックリと割れる仕上がりにしたいときは、生地を固めにして、強火で蒸してください。

魔法にかかった南瓜

かぼちゃ蒸しパン

材料

	1人分(g)	4人分
米粉	11	45
ベーキングパウダー	0.6	小さじ1
砂糖	4	小さじ4
かぼちゃ（ペースト用）	7	30
油	1.5	大さじ1/2
豆乳	10	40
かぼちゃ（飾り用）	5	20
紙カップ	1個	4個

作り方

1. 米粉、ベーキングパウダー、砂糖を混ぜる。ペースト用のかぼちゃは外皮をむき、小さく切ってゆでてつぶす（電子レンジで加熱し、つぶしてもOK）。飾り用かぼちゃは皮付きのまま5mmの角切りにする。
2. 1の粉類に豆乳を少しずつ入れて混ぜ、かぼちゃペースト、油を入れて混ぜる。
3. カップに2の生地を入れ、角切りかぼちゃをのせ、蒸気の上がった蒸し器で15分くらい蒸す。

エネルギー 84kcal　たんぱく質 1.2g　塩分 0g

花はいろ 人はこころ りんごは蒸しパン

りんご蒸しパン

材料

	1人分(g)	4人分
米粉	18	70
ベーキングパウダー	0.8	小さじ1
砂糖	4.8	大さじ2
りんご（すりおろし用）	6	25
りんご（飾り用）	3.6	20
牛乳	15	60
油	2.8	大さじ1
紙カップ	1個	4個

作り方

1. 米粉、ベーキングパウダー、砂糖を混ぜる。すりおろし用りんごはすりおろす。飾り用りんごは皮付きのまま5mmの角切りにする。
2. 1の粉類に牛乳を少しずつ入れて混ぜ、油とすりおろしたりんごを入れて混ぜる。
3. カップに2の生地を入れ、角切りりんごをのせ、蒸気の上がった蒸し器で15分くらい蒸す。

エネルギー 122kcal　たんぱく質 1.6g　塩分 0g

国の石〈ひすい〉をPR！
ロックだね（石だけに）！

ひすい蒸しパン

材料

	1人分(g)	4人分
米粉	18	72
ベーキングパウダー	0.9	3.6
砂糖	3.6	15
よもぎ粉	0.4	1.2
豆乳	23	90
油	1	4
はちみつ	3	12
紙カップ	1個	4個
甘納豆	2	8

作り方

1. 米粉、ベーキングパウダー、よもぎ粉、砂糖を混ぜる。
2. 1の粉類に豆乳と油を少しずつ入れて混ぜる。
3. 2をカップに入れ、はちみつをまわしかけ、甘納豆をのせる。
4. 蒸気の上がった蒸し器で10〜15分蒸す。

エネルギー 109kcal　たんぱく質 1.9g　塩分 0.2g

大口れんこんのシャリシャリが絶妙！

れんこんドーナツ

材料

	1人分(g)	4人分
れんこん	18	75
豆腐	15	60
ホットケーキミックス A	18	75
砂糖	4	大さじ2
揚げ油	適量	適量

作り方

1. れんこんはあらみじん切りにする。
2. Aの材料を全て混ぜ、耳たぶくらいの柔らかさにする。（豆腐の水分でまとめるので、水分量が足りなければ水を足す。）
3. 好みの形を作って、170℃の油で揚げる。

エネルギー 134kcal　たんぱく質 2.7g　塩分 0.2g

おからを使えばいいじゃない

おからドーナッツ（ココア・プレーン）

材料

	1人分(g)	4人分
ホットケーキミックス	20	80
豆乳	9	40
おから	10	40
砂糖	3	12
揚げ油	適量	適量
ピュアココア	2	小さじ4

作り方

1. おから、ホットケーキミックス、豆乳、砂糖を混ぜ、かたさをみて、水または豆乳で調整する。
2. 好みの形を作って、170℃の油で揚げる。

※ココアドーナツは1でピュアココアを混ぜる。

エネルギー 136kcal　たんぱく質 2.8g　塩分 0.2g

干し柿のデザート・画期的（柿だけに）！

干し柿とくるみのマフィン

材料

	1人分(g)	4人分
米粉	16	64
砂糖	8	32
ベーキングパウダー	0.7	2
卵	12	1個
牛乳	16	64
無塩バター	3.3	13
干し柿	12	48
くるみ	3	12
マフィンカップ	1個	4個

作り方

1. 干し柿は1cmの角切りにする。くるみはあらく刻む。バターは湯せんで溶かす。砂糖、米粉、ベーキングパウダーを混ぜる。卵を溶きほぐす。
2. 溶かしバターに粉類、卵、牛乳をよく混ぜる。
3. カップに、2の生地を流し、干し柿とくるみをのせ、オーブン（180℃）で18〜20分焼く。

エネルギー 194kcal　たんぱく質 3.6g　塩分 0.1g

とうもろこしは鮮度が命

コーンとチーズのマフィン

材料

	1人分(g)	4人分
小麦粉	12	50
ベーキングパウダー	0.4	1.2
砂糖	6	24
とうもろこし	6	25
チーズ	4	15
卵	9	L1/2個
牛乳	8	32
有塩バター	6	25
マフィンカップ	1個	4個

作り方

1. とうもろこしの粒を芯から外す。バターを湯せんで溶かす。チーズは5mmの角切りにする。小麦粉、ベーキングパウダー、砂糖を混ぜる。卵は溶きほぐす。
2. 溶かしバターに粉類、卵、牛乳、とうもろこし、チーズをよく混ぜてカップに入れる。
3. オーブン（180℃）で12〜15分焼く。

エネルギー 143kcal　たんぱく質 3.5g　塩分 0.2g

乳・卵なしのとっておきレシピ

米粉のガトーショコラ

材料

	1人分(g)	4人分
米粉	12.5	50
ピュアココア	2.3	10
ベーキングパウダー	0.2	0.8
塩	0.15	ひとつまみ
砂糖	6.8	28
油	5.6	大さじ2
水	14cc	55cc
酢	1.7	小さじ1
粉砂糖（溶けにくいもの）	0.07	少々
紙カップ	1個	4個

作り方

1. 米粉、ベーキングパウダー、砂糖、塩、ココアをよく混ぜ、水、酢、油を入れて混ぜる。
2. カップに生地を入れ、オーブン（180℃）で15〜20分焼く。
3. あら熱がとれたら粉砂糖をふる。

エネルギー 131kcal　たんぱく質 1.2g　塩分 0.1g

おやつ

豪雪地ならでは！あま～いにんじん

雪下にんじんマドレーヌ

材料

	1人分(g)	4人分
小麦粉	12	50
ベーキングパウダー	0.7	2
砂糖	7	28
にんじん	10	40
レモン（皮）	1.5	6
卵	14	L1個
はちみつ	2.7	大さじ1/2
有塩バター	5	20
スライスアーモンド	1.5	大さじ1
紙カップ	1個	4個

作り方

1. にんじんはすりおろす。レモンは皮をおろし器で軽くすりおろす（黄色い外皮のみ）。小麦粉、ベーキングパウダー、砂糖を混ぜる。バターは湯せんで溶かす。卵は溶きほぐす。
2. 1の粉類に、バター、溶き卵、にんじん、レモンの皮、はちみつを入れてよく混ぜる。
3. カップに2の生地を入れ、スライスアーモンドを上にちらし、オーブン（170～180℃）で12～15分焼く。

エネルギー 148kcal　たんぱく質 3.1g　塩分 0.3g

豆乳ゼリーを台湾気分で

豆花
（トウファ）

材料

		1人分(g)	4人分
アガー	A	1.5	6
砂糖		2.5	10
豆乳		35	140
水		20cc	80cc
ゼリーカップ		1個	4個
黒砂糖	B	3	12
三温糖		2	8
水		5cc	20cc
きな粉	C	2	8
砂糖		1.5	6

作り方

1. Aをよく混ぜる。Bを加熱し、黒蜜を作る。Cを混ぜる。
2. 鍋に豆乳と水を入れ火にかけ、Aを入れて沸騰させないように煮溶かす。
3. 2をカップに入れて冷やし固め、Bの黒蜜とCのきな粉をかける。

※お好みで果物、ナッツ、あんこなどをトッピングするとおいしいです。

エネルギー 69kcal　たんぱく質 1.9g　塩分 0g

あじさいの　八重咲くごとく

あじさいカクテルフルーツ

材料

	1人分(g)	4人分
サイダーゼリー	15	60
ぶどうゼリー	15	60
いちごゼリー	12	50
ミックスフルーツ缶	10	40
メロン	15	60
梅酒	3	大さじ1
レモン果汁	1.5	小さじ1

作り方

1. 梅酒とレモン汁を混ぜて、弱火で加熱してアルコールを飛ばし、冷ます（電子レンジで加熱も可）。ゼリーは1〜1.5cmの角切りにする。メロンは1.5cmの角切りにする。
2. すべてを混ぜる。

● 給食メモ ●
ヨーグルトと合わせてもおいしいです。

エネルギー 65kcal　たんぱく質 0.4g　塩分 0g

なめらかリッチなデザート

ココアプリン

材料

	1人分(g)	4人分
米粉	3	小さじ4
ピュアココア	3	大さじ1
砂糖	10	40
粉寒天	0.4	小さじ1
牛乳	100	400
ゼリーカップ	1個	4個
生クリーム(飾り用)	3	大さじ1
チョコレート(飾り用)	2	8

（米粉・ピュアココア・砂糖・粉寒天＝A）

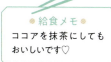
● 給食メモ ●
ココアを抹茶にしてもおいしいです♡

作り方

1. Aを混ぜ、牛乳を少しずつ入れてよく混ぜ、ザルでこす。
2. 1を鍋に入れて弱火で加熱する（焦げやすいので、常に混ぜるのがポイント）。ふつふつとしたら2〜3分煮て、カップに入れる。
3. 2のあら熱がとれたら冷蔵庫で冷やし固める。
4. 仕上げに、泡立てた生クリームとチョコレートをトッピングする。

エネルギー 146kcal　たんぱく質 4.3g　塩分 0.1g

みんなのハートをわしづかみ

シュガーポテト

材料

	1人分(g)	4人分
さつまいも	60	270
揚げ油	適量	適量
グラニュー糖	4.3	小さじ5
有塩バター	3	15
水	1cc	4cc

作り方

1. さつまいもは長さ4cm幅1cmくらいの拍子切りにし、170～180℃の油で素揚げする。
2. 鍋にグラニュー糖、バター、水を入れて弱火～中火で加熱し、少し茶色がかってきたら火を止める。
3. *2*が温かいうちに、*1*をからめる(*2*が冷えると固まるため注意する)。

● 給食メモ
*2*が固まってからめにくいようなら、少し水を足して再度加熱してください。

エネルギー 131kcal　たんぱく質 0.7g　塩分 0.1g

冬はまだですか？

なんちゃって肉まん

材料

	1人分(g)	4人分
豚ひき肉	20	90
しょうが(すりおろす)	0.4	2
長ねぎ	6	25
たけのこ(水煮)	6	25
干ししいたけ	0.6	3
ごま油	0.5	小さじ1/2
砂糖　 ┐B	0.3	小さじ1/2
しょうゆ	2.4	大さじ1/2
酒　 ┘	0.5	小さじ1/2
かたくり粉	1	小さじ1
水	2cc	8cc
薄力粉	26	100
ベーキングパウダー	1.6	6
砂糖　 ┐	6.5	25
塩　　 │A	0.1	少々
ごま油 ┘	0.8	小さじ1
水	25cc	100cc
紙カップ	1枚	4枚

作り方

1. しいたけは水で戻してあらみじん切りにする。長ねぎ、たけのこはあらみじん切りにする。
2. Aを混ぜる。
3. フライパンを熱し、ごま油でしょうが、ひき肉を炒める。
4. *3*にたけのこ、しいたけ、長ねぎを入れて炒め、Bを入れて、水溶きかたくり粉でとろみをつける。
5. カップに*4*を入れ、*2*の生地をかける。
6. 蒸気の上がった蒸し器で、15分蒸す。

● 給食メモ
カップに生地を少し入れてから具をのせ、さらに生地を入れると、より肉まんらしい仕上がりになります。

エネルギー 189kcal　たんぱく質 6.8g　塩分 0.7g

エネルギー 122kcal　たんぱく質 3.2g　塩分 0.4g

この手があったか！

かんたん焼売まん

材料

	1人分(g)	4人分
しゅうまい(冷蔵)	1個(18)	4個
小麦粉	20	80
ベーキングパウダー A	1.2	5
砂糖	5	大さじ2
水	20cc	80cc
紙カップ	1個	4枚

作り方

1. Aを混ぜる。
2. カップにしゅうまいを入れ、1の生地をかける。
3. 蒸気の上がった蒸し器で、15分蒸す。

エネルギー 121kcal　たんぱく質 3.1g　塩分 0.1g

NO 枝豆　NO LIFE

にいがた茶豆のずんだ白玉

材料

	1人分(g)	4人分
むき枝豆 A	15	60
水	4cc	16cc
砂糖	5	大さじ2
生クリーム B	2cc	8cc
塩	0.12	少々
白玉もち	3個	12個

作り方

1. Aはミキサーにかけ、枝豆ペーストを作る。
2. 鍋に1とBを入れ、加熱する。
3. ゆでた白玉もちに2をのせる。

エネルギー 50kcal　たんぱく質 0.1g　塩分 0g

まるでアンデルセン

はちみつ焼きりんご

材料

	1人分(g)	4人分
りんご	40	160
有塩バター	2.5	10
砂糖	1	大さじ1/2
はちみつ	1.6	小さじ1

作り方

1. りんごは芯をとり、くし切りにする。
2. バターを湯せんで溶かし、砂糖、はちみつと混ぜる。
3. 1と2をからめて、天板に並べる。
4. オーブン(200℃)またはトースターで焼き色が付くくらいに焼く。

エネルギー 103kcal　たんぱく質 0.6g　塩分 0g

こんなりんごもありよりのあり！

揚げりんご

材料

	1人分(g)	4人分
りんご	50	200
米粉	8	大さじ4
砂糖	1	大さじ1/2
水	5cc	20cc
揚げ油	適量	適量

作り方

1. りんごは1cm弱の輪切りにし、芯をくりぬく。
2. 米粉、砂糖、水を合わせて衣を作る。
3. りんごの表面の水気をふきとり、2の衣をつけて180℃の油で揚げる。

給食メモ
輪切りりんごの芯をくり抜く時はペットボトルのキャップを使うとラクチン！

おやつ

COLUMN おいしく食べて学ぶ給食 パート2

雪国に春が来た♪

春を味わう

ますのごまがらめ

材料

	1人分(g)	4人分
ます切身	1切(50)	4切
酒	0.8	小さじ1
かたくり粉	5	大さじ2
小麦粉	0.8	小さじ1
揚げ油	適量	適量
しょうゆ	2	大さじ1/2
砂糖	2	小さじ2
みりん	1	小さじ1/2
酒	1	小さじ1
白いりごま	1.5	小さじ2
白すりごま	1.5	小さじ2

しょうゆ〜白すりごま：A

作り方
1. 鍋にAを混ぜ、軽く煮立てる（電子レンジで加熱も可）。
2. ますに酒をまぶし、かたくり粉と小麦粉を混ぜた粉をつけ、170〜180℃の油で揚げる。
3. 2に1をかける。

エネルギー 178kcal　たんぱく質 11.4g　塩分 0.4g

給食メモ
にしんや鮭、さめなど、どんな魚でもアレンジOK。万能減塩ダレです。

山の幸汁

材料

	1人分(g)	4人分
鶏肉(こま切れ)	18	70
油揚げ	5	20
根曲がり竹(水煮)	10	40
にんじん	12	50
なめこ	10	40
小松菜	6	25
長ねぎ	8	30
しょうゆ	3	大さじ1
食塩	0.2	少々
酒	1	小さじ1
みりん	1	小さじ1/2
かたくり粉	1	小さじ1
水	2cc	小さじ2
だし汁	140cc	560cc

作り方
1. 油揚げは油抜きし、短冊切りにする。根曲がり竹と長ねぎは斜め切り、にんじんはいちょう切り、小松菜はざく切りにする。
2. 鍋にだし汁、にんじんを入れ、中火で煮る。にんじんに火が通ったら、鶏肉、根曲がり竹を入れる。
3. 油揚げ、なめこ、調味料、水溶きかたくり粉を入れてひと煮立ちさせ、長ねぎと小松菜を入れる。

エネルギー 60kcal　たんぱく質 5.6g　塩分 1.0g

わらびの昆布あえ

材料

	1人分(g)	4人分
キャベツ	20	80
にんじん	6	25
きゅうり	12	45
わらび(水煮)	12	50
塩昆布	0.8	4
しょうゆ	1.5	小さじ1
みりん	0.6	小さじ1/2
しょうが(千切り)	0.5	2

しょうゆ〜しょうが：A

作り方
1. キャベツは短冊切り、にんじんは細短冊切り、きゅうりは輪切り、わらびは2cmのざく切りにする。
2. 鍋にAを入れ軽く煮立てる（電子レンジで加熱も可）。
3. キャベツ、にんじん、きゅうり、わらびをゆでて水にさらし、水気を切る。
4. 3と2に塩昆布を入れてあえる。

エネルギー 16kcal　たんぱく質 0.9g　塩分 0.5g

木の芽ごはんは P.13 へ

ビタミンカラーで食欲UP!

夏野菜と車麩の揚げ煮
とうもろこしごはん
トマトと卵のスープ

暑さに負けない

夏野菜と車麩の揚げ煮

材料

	1人分(g)	4人分
鶏もも肉	30	120
なす	15	60
かたくり粉	4	20
かぼちゃ	30	120
車麩	7	30
揚げ油	適量	適量
砂糖 ┐	2	大さじ1/2
しょうゆ │A	3	大さじ1
酒 │	2	大さじ1
水 ┘	3cc	12cc
むき枝豆	7	30

エネルギー 202kcal　たんぱく質 9.6g　塩分 0.5g

作り方

1. 鶏肉は2cm角に切る。
2. なすを1.5cm厚のいちょう切りし、水にさらす。かぼちゃは1〜1.5cmの一口大に切る。むき枝豆はゆでておく。
3. 車麩は水で戻し、一口大に切る。
4. 車麩は軽く水を切り、180℃の油で素揚げする。かぼちゃも素揚げする。
5. 鶏肉、なすはかたくり粉をつけて揚げる。
6. 鍋にAを加熱してたれを作る。（電子レンジで加熱も可）
7. 揚げた材料と枝豆を5のたれでからめる。

● 給食メモ ●
かぼちゃ+なすを、秋冬にはさつまいも+れんこんに代えるなど、季節の食材で楽しめます。

トマトと卵のスープ

材料

	1人分(g)	4人分
玉ねぎ	36	150
豆腐	24	100
ベーコン	6	25
卵	24	100
トマト	24	100
ニラ	4	20
がらスープ(液体)	3	15
コンソメ ┐	1.2	5
しょうゆ │	1.2	5
塩 │	0.3	少々
こしょう ┘	0.02	少々
かたくり粉 ┐	1.2	小さじ2
水 ┘	2.5cc	10cc
水	140cc	560cc

エネルギー 105kcal　たんぱく質 6.4g　塩分 0.9g

作り方

1. 豆腐、トマトはさいの目切り、ベーコンは短冊切り、玉ねぎは短冊切り、ニラは2cmざく切りにする。
2. 鍋に水を入れ、玉ねぎ、ベーコンの順に入れて、中火で煮る。
3. 火が通ったら、豆腐、調味料、水溶きかたくり粉を入れ、トマトを入れる。
4. スープがふつふつしてきたら、溶き卵を回し入れる。
5. ニラを入れる。

● 給食メモ ●
トマトを入れるタイミングはお好みで。

とうもろこしごはんは P.11 へ

おいしく食べて学ぶ給食 パート2

アーモンドキャベツ
きのこのトマト煮込みハンバーグ
米粉パン
かぼちゃの米粉クリームスープ

もちもちの米粉パンがおかずとの相性バッチリ

実りの秋・満載

きのこのトマト煮込みハンバーグ

材料

	1人分(g)	4人分
ハンバーグ	1個(80)	4個
油	0.7	小さじ1
にんにく(すりおろす)	0.7	小さじ2/3
玉ねぎ	15	60
しめじ	10	40
トマト水煮	17	70
ケチャップ	7	大さじ2
赤ワイン	3	小さじ2
砂糖 A	1.2	小さじ1
こしょう	0.02	少々
しょうゆ	1.4	小さじ1
水	30cc	120cc

作り方

1 玉ねぎは薄切り、しめじは小房に分ける。トマト水煮はあらく刻む。
2 フライパンを熱し、油でにんにく、玉ねぎ、しめじを入れて炒め、玉ねぎがしんなりしてきたら、トマト水煮、Aを入れる。
3 ふつふつしてきたらハンバーグを入れて弱火〜中火で15〜20分くらい煮込む。
4 煮汁にとろみがつくまで煮込む。

エネルギー 191kcal　たんぱく質 11.5g　塩分 1.1g

アーモンドキャベツ

材料

	1人分(g)	4人分
キャベツ	42	170
きゅうり	18	70
細切りアーモンド	6	25
しょうゆ	0.6	小さじ1/2
塩	0.3	小さじ1/4

エネルギー 47kcal　たんぱく質 1.9g　塩分 0.5g

作り方

1 キャベツは細切り、きゅうりは半月斜め切りにする。
2 1の野菜をさっとゆでて水冷して水気を切る。
3 2と、塩、しょうゆ、アーモンドをあえる。

かぼちゃの米粉クリームスープは

P.84 へ

● 給食メモ ●
フライパンの火を止めて、温度が下がるとともにハンバーグの中にソースの味がしみ込んでいきます。アツアツを食べたいときには食べる前に再加熱してください。

心も身体もあったまるぅ!

寒いからおいしい

いかのさらさ揚げ

材料

	1人分(g)	4人分
いか切身	1切(50)	4切
しょうゆ	3	小さじ2
酒 A	0.6	小さじ1/2
カレー粉	0.25	小さじ1/2
小麦粉	1.2	大さじ1/2
かたくり粉	7	大さじ3
揚げ油	適量	適量

エネルギー 122kcal　たんぱく質 9.4g　塩分 0.8g

作り方

1. いかはAで下味をつける。
2. 小麦粉とかたくり粉を混ぜて**1**のいかにまぶし、170〜180℃の油で揚げる。

給食メモ
「さらさ」は漢字で「更紗」と書きます。インドが起源の、綿織物のような色合いから名づけられたそうです。

白菜のゆずドレッシングサラダ

材料

	1人分(g)	4人分
白菜	48	200
塩	0.24	ひとつまみ
きゅうり	12	50
ツナ	9.6	40
ホールコーン	6	25
油	1.2	小さじ1
ゆず果汁	0.6	小さじ1/2
酢	1.44	小さじ1
うすくちしょうゆ A	1.2	小さじ1
砂糖	0.96	小さじ1
こしょう	0.02	少々
白いりごま	1.2	大さじ1/2

エネルギー 63kcal　たんぱく質 5.3g　塩分 0.5g

作り方

1. 鍋でAを加熱し、冷めたら油を入れて混ぜる。(電子レンジで加熱も可)白菜はザク切り、きゅうりは半月斜め切りにする。
2. 白菜に塩をまぶしてから熱湯でさっとゆで、水にさらす。きゅうりはゆでて水にさらす。
3. **2**の水気を切り、ツナ、コーン、**1**のAとごまをあえる。

給食メモ
白菜に塩をまぶしてお湯からゆでると、シャキッとしたゆで上がりになります。

雪国吹雪汁

材料

	1人分(g)	4人分
豚ひき肉	13	50
大根	20	80
にんじん	7	30
ごぼう	7	30
さといも	28	110
なめこ	12	50
長ねぎ	7	30
しぼり豆腐	28	110
しょうが(すりおろす)	0.7	3
油	0.6	小さじ1/2
しょうゆ	2.6	大さじ1/2
塩 A	0.3	1
酒	1.3	小さじ1
みりん	1.3	小さじ1
白みそ	4.6	大さじ1/2
酒かす	3.3	13
だし汁	145cc	580cc

エネルギー 105kcal　たんぱく質 6.4g　塩分 1.0g

作り方

1. 大根、にんじん、さといもはいちょう切り、ごぼうは1/2斜め(またはささがき)に切る。長ねぎは半月斜め切りにする。酒かすはぬるま湯(分量外)を入れてふやかし、溶く。
2. 鍋を熱し、油でひき肉、にんじん、ごぼう、大根を炒める。
3. だし汁を入れ、大根が煮えたらさといもを入れる。火が通ったらAを入れる。
4. なめこ、酒かすを入れ、しぼり豆腐をくずしながら入れる。
5. みそ、長ねぎ、しょうがを入れる。

給食メモ
しぼり豆腐を吹雪に見立てたお汁です。酒かすが入るので、ぽかぽかと体が温まります。

非常時に備えて サバイバルクッキング

ポリぶくろごはん

材料

	1人分(g)
米	1/2カップ（約80g）
水	1/2カップ少し上（約100cc）

※1袋1カップ（1合）まで作れます

器具
- カセットコンロ
- 鍋
- ポリ袋（120℃耐熱）

作り方

1. 米をポリ袋に入れて、分量の水を入れ、袋の空気を抜いて結ぶ。（カップは米用です。ない時は使えるコップに米を入れて水は米より1cm程度多めに…くらいで考える。）
2. 鍋に湯を沸かし、1を袋のまま入れて約20分加熱し、火を止め、そのまま10分ほど蒸らす。

お好みでひじきやコーンなどの具材、ぽん酢やコンソメなどの調味料、缶詰などを加えたり、炊き込みわかめなど入れて、オリジナルごはんを楽しめます♪袋のままおにぎりにして食べられます！

ポリ袋をねじったら、できるだけ上の方でしばる。

加熱するとゆげが出るので、この余裕が必要です！

大豆とひじきの缶詰サラダ

材料

	1人分(g)	8人分
大豆ドライパック	15	1缶
ひじきドライパック	15	1缶
ホールコーン	15	1缶
ツナ	8	1缶
ぽん酢しょうゆ	3	大さじ1

エネルギー 63kcal　たんぱく質 4.2g　塩分 0.5g

作り方

1. 食品用ビニール袋にすべてを開けて混ぜ合わせる。
2. 使い捨てのコップ、又はアルミカップ等に分けて食べる。

作る時には1缶単位で使用します。8人分ほどになります。普段の食事で作る時は、レタスやトマトなどを一緒に盛り付けると、彩りがきれいです。忙しい朝食の1品にもぴったりです。

1. 袋の中に材料を全部入れてね

2. 袋を持ってシャカシャカ振ってみよう

3. 材料がしっかり混ざったら完成!!

ツナ缶の炊き込みごはん

材料

	1人分(g)	4人分
米	84	340
水	100cc	400cc
刻み昆布	0.6	2.4
ツナ	12	50
にんじん	6	30
ごぼう	12	50
酢	0.36	小さじ1/3
酒 (A)	2.4	小さじ2
しょうゆ (A)	2.4	大さじ1/2
うすくちしょうゆ	3.6	小さじ2

エネルギー 306kcal　たんぱく質 7.1g　塩分 1.1g

作り方

1. 米を研ぎ、浸水させる。
2. 刻み昆布は2〜3cmくらいに切る。にんじんは千切り、ごぼうは半月斜め切りにする。
3. 1に刻み昆布とAを入れて軽く混ぜる。その上に、ツナ（缶詰の中身汁ごと）、にんじん、ごぼうを入れて炊く。

● 給食メモ ●
ツナ、昆布のうま味が染み込んだ炊き込みごはんです。

乾物たっぷり保存食スープ

材料

	1人分(g)	4人分
高野豆腐	5	20
切り干し大根	4	16
春雨	4	16
乾燥わかめ	0.6	2.4
ツナ	15	60
だし汁	200cc	800cc
塩 (A)	0.45	小さじ1/3
こしょう (A)	0.03	少々
しょうゆ (A)	3	小さじ2
かたくり粉	1.5	小さじ2
水	3	大さじ1
ごま油	0.2	小さじ1/4

エネルギー 86kcal　たんぱく質 5.6g　塩分 1.1g

作り方

1. 高野豆腐は水で戻し、1〜1.5cm角に切る。切り干し大根とわかめは水で戻し、ざく切りにする。
2. 鍋にだし汁を煮立て、1の具材と、春雨、ツナを入れて煮る。
3. Aを入れ、水溶きかたくり粉でとろみをつけ、ごま油を入れる。

● 給食メモ ●
乾物は非常時に役立つ食材です。普段から食べなれていることが大切です。

重量一覧

少々とは？ 親指と人差し指の2本でつまんだ量

ひとつまみとは？ 親指と人差し指と中指の3本でつまんだ量

	小さじ（5cc）	大さじ（15cc）	1カップ（200cc）	備考
砂糖（上白糖）	3	9	130	少々：0.4gくらい、ひとつまみ：1gくらい
砂糖（三温糖）	4	12	180	
ざらめ糖（中双糖）	4	13	200	
グラニュー糖	4	13	170	
塩	6	18	240	少々：0.2gくらい、ひとつまみ：0.5gくらい
酢	5	15	200	
しょうゆ	6	18	230	一滴：0.1gくらい
酒	5	15	200	
みりん	6	18	230	
油	4	12	180	
マヨネーズ	4	12	190	
ケチャップ	5	15	230	
米粉	3	10	約130	
かたくり粉	3	9	130	
乾燥パン粉	1	4	45	
はちみつ	7	22	280	
コンソメ（顆粒）	4	12	約160	
オイスターソース	6	18	210	
トウバンジャン	6	18	230	
レモン汁	5	15	200	一滴：0.05g
カレー粉	2	6	80	
干ひじき	1	3	約40	
いりごま	3	8	120	
すりごま	3	9	110	
ねりごま	6	18	210	
おろしにんにく	4	13	約180	（生）にんにく一片：約5g
おろししょうが	4	13	約180	（生）しょうが一片：親指の第1関節ほどの大きさ：約15g
ヨーグルト	5	15	210	
生クリーム	5	15	200	
粉チーズ	2	6	90	

索引（五十音順）

あ

- アーモンドキャベツ … 120
- アーモンドトースト … 23
- 青じそ DE ガパオライス … 15
- 青菜の納豆あえ … 98
- 青菜ののりタクあえ … 95
- 揚げだし豆腐のおろしだれ … 69
- 揚げりんご … 117
- あじさいカクテルフルーツ … 115
- 鯵の黒酢ソース … 61
- アスパラ菜のごまこうじあえ … 92
- アスパラみどりカレーライス … 14
- 厚揚げと大根のオイスターソース煮 … 68
- 厚揚げと豚肉の塩こうじ炒め … 70
- 厚揚げのお好みソース焼き … 71
- 厚揚げのケチャップソース … 69
- 厚揚げのトマトグラタン … 70
- 厚揚げのみそチーズ焼き … 71
- あらめとひき肉の炒め物 … 104
- あらめの煮物 … 104
- アルビごはん … 39
- アルビスープ … 39
- いかのさらさ揚げ … 121
- 磯香豆 … 76
- 芋煮汁 … 80
- 鰯のかば焼き〜カレーの香り〜 … 64
- エッグラタン … 66
- おいもトースト … 23
- 大麦めんすき焼き汁 … 30
- 大盛！焼き肉サラダ … 96
- おからコロッケ … 73
- おからサラダ … 71
- おからドーナッツ（ココア・プレーン） … 112
- おからのごま豆乳煮 … 73
- お皿に盛る肉じゃが … 90

か

- ガーリックトースト … 23
- ガーリックポテト … 89
- 開高めし … 10
- かきのもととアスパラ菜のポン酢あえ … 93
- カニ玉スープ … 38
- かぼちゃジャム … 26
- かぼちゃの米粉クリームスープ … 84
- かぼちゃのすり流し … 79
- かぼちゃのバターじょうゆ煮 … 107
- かぼちゃ蒸しパン … 111
- からしなます … 98
- カレーおから … 72
- 岩石ハンバーグ … 63
- かんたん焼売まん … 117
- かんぴょうサラダ … 97
- 乾物たっぷり保存食スープ … 123
- きくらげのコリコリ佃煮 … 19
- きなこクリーム … 26
- きなこトースト … 23
- きなこ豆 … 76
- きのこのトマト煮込みハンバーグ … 120
- 木の芽ごはん … 13
- 切り干し大根のキムチ炒め … 107
- 切り干し大根のバンバンジー … 94
- 切り干しナポリタン … 106
- 空心菜のうまうま炒め … 108
- 黒豆のブラックサラダ … 99
- 源氏豆 … 76
- コーンとチーズのマフィン … 113
- 黒糖豆 … 76
- ココアプリン … 115
- ココア豆 … 76
- こごみのごまネーズ … 100
- 五色あえ … 95
- ごま塩 … 19
- 小松菜のにんにく炒め … 107
- ごま豆 … 76
- 米粉のガトーショコラ … 113
- 米粉めんきのこクリームソース … 29
- 米粉めん豆乳キムチスープ … 28

さ

- 裂き織りサラダ … 36
- ザクうまチキン … 51
- 鮭とチーズの包み揚げ … 57
- 鮭のチーズタルタルがけ … 57
- 笹かまぼこのお好み焼き … 57
- さつまいものミルクジャム … 26
- さといものごまみそ煮 … 90
- さといものとろとろ春巻き … 89
- さといもの和風グラタン … 86
- 鯖サンド … 22
- 鯖のおかか煮 … 59
- 鯖のごまみそ煮 … 59
- 鯖のトマト煮 … 58
- 鯖のみそだれ … 59
- 鯖のもみじ煮 … 58
- さりいもサラダ … 89

索引（五十音順）

鰆のカレーマヨ焼き	64
三条カレーラーメン	32
シーグラスゼリー	36
塩こうじ汁	79
塩ちゃんこ麩スープ	78
ししゃものみのむしフライ	63
じゃこナッツ佃煮	20
シュガーポテト	116
しょうゆフレンチ	100
白身魚の竜田あんかけ	62
白身魚のパン粉焼き	61
新玉トロトロスープ	81
新玉ねぎの血液サラサラサラダ	99
すき焼き卵焼き	67
ソフトめんミートソース	37

た

大根菜めし	11
大豆とひじきの缶詰サラダ	122
大豆ふりかけ	20
鯛茶漬け	12
鯛めし	13
たくあんのカレマヨサラダ	98
タコライス	16
Wポテトサラダ	87
鱈のアクアパッツァ	60
鱈のフリール・ヴァンブランソース	60
断層ミートローフ	49
チーズ入りおひたし	93
チーズ豆	76
ちょこっとナポリタン	103
包まないけどいなり寿司	15
ツナ缶の炊き込みごはん	123
ツナとチーズの卵焼き	67
手作りわかめふりかけ	20
豆乳担々麺	35
豆乳ちゃんぽんスープ	84
豆乳チョコクリーム	25
豆乳ツナクリームパスタ	103
豆花	114
豆腐ハンバーグの黄金焼き	48
とうもろこしごはん	11
飛び魚のすり身スープ	83
トマトたれかつ	50
トマトと卵のスープ	119
トマトドレッシングの元気サラダ	97
トマトラーメン	34
とらねこふりかけ	20

鶏肉の甘酒みそ焼き	54
鶏肉のコーンフレーク焼き	53
鶏肉の塩こうじカレー焼き	54
鶏肉のはちみつ焼き	54
鶏肉のレモンバターソース	51
鶏のから揚げゆずソース	52
とんかつのアロニアソース	50

な

長岡生姜醤油ラーメン	33
なすみそ	104
夏野菜と車麩の揚げ煮	119
生ずいきの炒め煮	105
なんちゃって肉まん	116
にいがた茶豆のずんだ白玉	117
ニッポニアニッポンライス	36

は

ハーブチキン	53
パインサラダ	37
白菜のカレー塩昆布あえ	95
白菜のクリーム煮	81
白菜のゆずドレッシングサラダ	121
はちみつチーズトースト	24
はちみつ焼きりんご	117
はちみつレモントースト	24
花しゅうまい	43
バリバリ伝説メンチカツ	42
ハンバーグの越後みそソース	49
ハンバーグのカポナータソース	47
ハンバーグのチーズ焼き	48
ハンバーグのトマト赤ワインソース	47
ハンバーグのみぞれソース	48
ハンバーグラタン	46
番屋汁	82
ピーマンの佃煮	19
ひじき入れちゃいましたポテサラ	88
ヒスイごはん	38
ひすい蒸しパン	112
ふきみそ	18
豚肉とうずら卵の赤ワイン煮	43
豚肉とズッキーニのオイスターソース炒め	44
豚肉と夏野菜のしょうが焼き	44
豚肉と干しずいきの卵炒め	105
豚肉の梅のり焼き	45
豚肉のねぎみそ焼き	45
フルーツカスタード	25

ブロッコリーの和風サラダ	99
ふわふわ卵スープ	80
ペンネとアスパラのトマトソテー	102
干し柿とくるみのマフィン	113
ポテトサラダを食べチャイナ	88
ポリぶくろごはん	122
本当にもやしだけのナムル	100

ま

マーボーれんこん	108
まこんぶうどんサラダ	38
ますのごまがらめ	118
真鯛のバター醤油ムニエル	64
抹茶きなこ揚げパン	24
妙高豚汁ラーメン	31
ミルククリーム	25
ミルクココア蒸しパン	110
むげんにんじん	106
めぎすのエスカベッシュ	62
めぎすのかんずりジュレソース	56
めぎすの米粉揚げ香味ソースがけ	61
もずくサラダ	94

や

焼き豚ときくらげの炒め物	45
野菜たっぷり塩こうじスープ	83
山の幸汁	118
ヤムウンセン	96
ヤンニョムチキン	52
雪国吹雪汁	121
雪下にんじんマドレーヌ	114
洋風おから	72

ら

りんご蒸しパン	111
れんこんドーナツ	112

わ

わかめとみかんの酢の物	100
和風のりポテトサラダ	87
わらびの昆布あえ	118

著 者 新潟県学校栄養士協議会	**レシピ本作成委員・協力者** ◎板場　明子　　近藤　若奈 ◎両川　絵美　　齊藤ゆう子 ○金永　雅美　　坂井　萌香 ○佐々木あや子　佐久間卓恵 ○髙木美由紀　　佐久美桐子 ○津軽　智子　　佐藤　花背 ○土井　麻美　　佐藤　峰生 ○徳橋智恵子　　佐藤　美春 ○渡邊　英里　　白倉　珠美 ○渡辺加奈子　　鈴木　陽子 ○山本　夏子　　関川　紘子 　飯塚　有紀　　髙橋さゆり 　池亀　祐香　　滝澤　悟 　石黒　麻子　　滝沢　若奈 　市村　亜弓　　竹内　真理 　伊藤しのぶ　　田中　佳奈 　猪貝　淑子　　玉村有里絵 　臼杵　絵美　　津島けい子 　大澤奈津江　　津野　恵 　岡田小野江　　中川　拓哉 　岡部あかり　　永倉　弘子 　神林　澄子　　永田　由紀 　菊地麻紀子　　夏井　紗野 　木村香奈子　　庭野　知里 　計良　美希　　早川有里子 　小池　浩子　　圓山　玲子 　牛膓　寿美　　村山真由美 　小林　愛　　　渡邉　朋子 　小林　美里	**Lovely smile** あいちゃん　　はな あきほ　　　　はるの あさと　　　　ひーちゃん あゃぇ　　　　ひとみ うっくん　　　ぴーやん おうすけさん　ひな おうりくん　　ひろちゃん かの　　　　　ほはる かんちゃん　　みーちゃん さっちゃん　　ゆあむら。 さな　　　　　ゆいと さゆちゃん　　ゆうちゃん さわ　　　　　らんさん せいた　　　　りおちゃん ちか　　　　　りゅうちゃん ななこ　　　　りょう のぞむ　　　　わくわく のんのん	**Special Thanks** 荒井イサ子 板場龍次・ケン子 稲井　明子 佐藤由美子 ちゃまこ＆ちまこ 濱本美津子 藤井農園 バウムリンゲ 吉沢美千代 **Illusted　By** いらっしゃいませさん太郎 岡部あかり
協 力 公益財団法人 新潟県学校給食会 株式会社佐渡乳業 諏訪乳業株式会社 株式会社塚田牛乳 農協乳業株式会社 原田乳業株式会社			
撮 影 高橋　信幸			
デザイン 株式会社ワーク・ワンダース			

笑顔あふれる　にいがた給食レシピ
子どもに大人気！学校の給食メニュー211品

2024（令和6）年12月25日　初版第1刷発行
2025（令和7）年 3月21日　初版第2刷発行

発 行 者	中川　史隆
発 行 所	新潟日報メディアネット 【出版グループ】 〒950-1125 新潟市西区流通3丁目1番1号 TEL 025-383-8020　FAX 025-383-8028
印刷・製本	株式会社 DI Palette

本書のコピー、スキャン、デジタル化等の無断複製は著作権法上での例外を除き禁じられています。本書を代行業者等の第三者に依頼してスキャンやデジタル化することは、たとえ個人や家庭内での利用であっても著作権法上認められておりません。

©Niigata Nippo Media Net 2024, Printed in Japan
落丁・乱丁本は送料小社負担にてお取り替えいたします。
ISBN978-4-86132-857-2

『ごはんがすすむ　にいがた給食レシピ』

子どもに大人気！学校の給食メニュー172品
ごはんがすすむ　にいがた給食レシピ
新潟県学校栄養士協議会 編
新潟日報メディアネット

好評販売中